Nadine Sophie Wimmer

Haftungsrisiken und Compliance Maßnahmen nach dem »Foreign Corrupt Practices Act« der USA

Herbert Utz Verlag

Neue Juristische Beiträge

herausgegeben von
Prof. Dr. Klaus-Dieter Drüen (Heinrich-Heine-Universität Düsseldorf)
Prof. Dr. Thomas Küffner (Fachhochschule Landshut)
Prof. Dr. Georg Steinberg (Universität zu Köln)
Prof. Dr. Fabian Wittreck (Westfälische Wilhelms-Universität Münster)

Band 76

„Dieses Softcover wurde auf FSC-zertifiziertem Papier gedruckt. FSC (Forest Stewardship Council) ist eine nichtstaatliche, gemeinnützige Organisation, die sich für eine ökologische und sozialverantwortliche Nutzung der Wälder unserer Erde einsetzt."

Bibliografische Information der Deutschen Nationalbibliothek:
Die Deutsche Nationalbibliothek verzeichnet diese Publikation
in der Deutschen Nationalbibliografie; detaillierte bibliografische
Daten sind im Internet über http://dnb.d-nb.de abrufbar.

Zugl. Diss. 2010 Bucerius Law School – Hochschule für Rechtswissenschaft

Dieses Werk ist urheberrechtlich geschützt.

Die dadurch begründeten Rechte, insbesondere die der Übersetzung,
des Nachdrucks, der Entnahme von Abbildungen, der Wiedergabe
auf fotomechanischem oder ähnlichem Wege und der Speicherung
in Datenverarbeitungsanlagen bleiben – auch bei nur auszugsweiser
Verwendung – vorbehalten.

Copyright © Herbert Utz Verlag GmbH · 2011

ISBN 978-3-8316-4042-3

Printed in EC

Herbert Utz Verlag GmbH, München
089-277 791-00 · www.utzverlag.de

*Meiner Großmutter Irmgard,
die die Fertigstellung dieser Arbeit leider nicht miterleben konnte*

Vorwort

Die vorliegende Arbeit wurde im September 2010 von der Bucerius Law School – Hochschule für Rechtswissenschaft als Dissertation angenommen. Das Verfahren wurde durch die mündliche Prüfung am 22. Oktober 2010 abgeschlossen.

Mein Dank gilt an erster Stelle meinem Doktorvater und Erstgutachter meiner Arbeit, Herrn Prof. Dr. Erich Samson, für die Anregung und Betreuung der Dissertation und für die besondere Förderung durch die Mitarbeit an seinem Lehrstuhl. Herrn Prof. Dr. Frank Saliger danke ich für die Erstellung des Zweitgutachtens und Frau Helga Senff für die Unterstützung in allen organisatorischen Fragen während meiner Promotion. Mein Dank gilt schließlich meiner Familie, Koyo, Gabriele, Ryu, Walter, Jürgen, Mechthild, Hanna und ganz besonders Jan, der mich stets unterstützte und ermutigte und dadurch diese Arbeit erst ermöglichte.

Hamburg, im Oktober 2010   *Nadine Sophie Wimmer*

Inhaltsverzeichnis

Literaturverzeichnis 15

A. Einleitung 17

B. Entstehungsgeschichte und historische Entwicklung des FCPA 19

    I. Motive für den Erlass des FCPA 19
        1. Die Watergate-Affäre 19
        2. Aufdeckung von Korruption in Unternehmen 20
        3. Lockheed Bestechungsskandal 21
        4. Erlass des Foreign Corrupt Practices Act 21

    II. Kritik am FCPA von 1977 22

    III. Entwicklung durch das OECD Abkommen 23

C. Darstellung des FCPA, insb. Inhalte und Regelungen 25

    I. Einführung 25
        1. Verfahrenstypen 25
        2. Tatbestände 26
        3. Zuständigkeit der Vereinigten Staaten von Amerika 26

    II. Bestechungstatbestand 27
        1. Objektiver Tatbestand 28
            a) Adressatenkreis der Norm 28
                aa) »Issuers« 28
                bb) »Domestic Concerns« 30
                cc) »Other Persons« 31
            b) Sonstige Merkmale des objektiven Tatbestandes 33

aa) Amtsträger 33
    (1) Ausländische Amtsträger 34
    (2) Ausführung eines Amtes 34
bb) Tathandlung 36
    (1) Vermögenswerte Leistung 37
       (a) Begriffsbestimmung 37
          (aa) Vermögensbegriff im deutschen Recht 37
             (i) Juristischer Vermögensbegriff 38
             (ii) Wirtschaftlicher Vermögensbegriff 38
             (iii) Juristisch-ökonomischer
                  Vermögensbegriff 39
             (iv) Position der Rechtsprechung 40
          (bb) Vermögensbegriff im amerikanischen Recht 41
          (cc) Auslegung im Rahmen des FCPA 41
       (b) Perspektive der Bestimmung der Werthaltigkeit 42
       (c) Zusammenfassung 43
    (2) Anbieten 43
2. Subjektiver Tatbestand 44
  a) Vorsatz in Form des »Corrupt Intent« 44
  b) Geschäftsziele 46
3. Verteidigungsmöglichkeiten 47
  a) Routine Governmental Action 47
  b) Affirmative Defenses 49
    aa) Die Rolle der Defenses im amerikanischen Strafrecht 49
    bb) Die Einzelnen Defenses im amerikanischen
        Strafverfahren 51
        (1) Failure of Proof Defenses 52
        (2) Offense Modification Defenses 53
        (3) Justifications 54
        (4) Excuses 54
        (5) Nonexculpatory Defenses 55
        (6) Zusammenfassung 56
    cc) Besondere Merkmale der Affirmative Defenses 56
    dd) Affirmative Defenses des FCPA 57
        (1) Rechtmäßigkeit im ausländischen Recht 57
        (2) Aufwendungsersatz 60
    ee) Zusammenfassung der Affirmative Defenses 61
  c) DOJ Überprüfungsverfahren 61

III. Buchführungstatbestand 63

1. Pflichten 63
2. SOA 66
   a) Zertifizierungspflicht 66
   b) Ethik Kodex und Compliance 67
   c) Strafdrohungen 67
3. Tochtergesellschaften 68

IV. Sanktionen 69
1. Unternehmensstrafbarkeit 69
2. Die Einzelnen Sanktionen 72

V. Verjährung 74

VI. Darstellung des internationalen Antikorruptionsrechts 75
1. OECD Abkommen 76
2. OAS Abkommen 79
3. CoE Abkommen 81
   a) Inhalt des Abkommens 81
      aa) Aktive und Passive Bestechung inländischer Amtsträger ... 82
      bb) Aktive und Passive Bestechung im privaten Sektor 82
      cc) Aktive und Passive Bestechung internationaler Beamter 83
      dd) Zuwiderhandlungen gegen Buchführungsvorschriften 83
      ee) Geldwäsche 83
      ff) Zusammenfassung 84

D. Rechtsvergleichende Darstellung des deutschen Antikorruptionsrechts mit dem FCPA 85

I. Allgemeines 85

II. Tatbestand 86
1. Amtsträgerbegriff 86
2. Tathandlung 87
3. Subjektiver Tatbestand 88

III. Rechtfertigung 88

IV. Rechtsfolgen 89

V. Zusammenfassung 89

E. Compliance Maßnahmen und interne Untersuchungen 91

    I. Pflicht zur Einrichtung eines Compliance Systems 92

    II. USSG Richtlinien 92
        1. Mindeststandards 93
            a) Entwicklung von Standards um Straftaten aufzudecken 93
            b) Aufsichtsprogramm 93
            c) Ausschluss Vorbestrafter 93
            d) Schulungsmaßnahmen 94
            e) Durchsetzung und Bewertung 94
            f) Anreize und Disziplinarmaßnahmen 94
            g) Reaktion auf strafbares Verhalten 95
        2. Weitere Bestimmungen des USSG 95
            a) Maßgebliche Gesetzliche Regelungen und Branchenüblichkeit 95
            b) Größe des Unternehmens 96
            c) Wiederkehrendes Gleichartiges Fehlverhalten 96

    III. Compliance Voraussetzungen aus dem Fall Metcalf & Eddy 97

    IV. Deutscher Corporate Governance Kodex 98
        1. Allgemeines 98
        2. Inhalt des Kodex 99

    V. Konzeption und Aufbau eines Compliance Systems 100
        1. Erste Stufe: Information und Klarstellung 100
            a) Risikobewertung 100
            b) Formulierung der Unternehmensgrundsätze 101
        2. Zweite Stufe: Zuordnung und Verantwortung 103
            a) Verantwortlichkeit der Führungsebene 103
            b) Informationssystem 104
        3. Dritte Stufe: Kontrolle und Disziplinierung 105
            a) Interne Untersuchungen 106
                aa) Konzeption und Durchführung 106
                bb) Die Rolle des Rechtsanwalts bei der Untersuchung 107
            b) Interne Sanktionsmaßnahmen 108
            c) Anreizstrukturen 108
            d) Whistle-blowing 109
                aa) Allgemeines 109

  bb) Vereinbarkeit mit amerikanischen und deutschen
   Rechtsnormen 111

 VI. Red-Flags 113

F. Die Siemens Affäre 115

G. Zusammenfassung und Ausblick 117

Literaturverzeichnis

Beulke, Werner: Strafprozessrecht, 10. Auflage, Heidelberg 2008.
Deming, Stuart H.: The Foreign Corrupt Practices Act and the New International Norms, p. 355 ff. (2005)
Dubber, Markus D.: Einführung in das US-amerikanische Strafrecht, München 2005
Eidam, Dr. Gerd: Unternehmen und Strafe, 3. Aufl., Köln 2008.
Fischer, Thomas: Kurzkommentar zum Strafgesetzbuch und Nebengesetze, 55. Auflage, München 2008
Geroe, Michael R.: Complying with U.S. Anti-bribery Law, 31 The International Lawyer, 1037 (1997)
Hauschka, Dr. Christoph E.: Corporate Compliance: Handbuch der Haftungsvermeidung, München 2007.
Kirch-Heim, Claudio: Sanktionen gegen Unternehmen: Rechtsinstrumente zur Bekämpfung unternehmensbezogener Straftaten, Berlin 2007.
Kühl, Dr. Dr. Kristian: Strafgesetzbuch Kommentar, 27. Aufl., München 2007.
LaFave, Wayne R.: Criminal Law, 4. Auflage, St. Paul, Minnesota 2003.
Leipold, Dr. Klaus: Strafbarkeit von Unternehmen, NJW-Spezial 2008 Heft 7, S. 216 f.
Low, Lucinda A.;Davis, John E. : The FCPA in Investment Transactions, Business Laws, Inc. (4 Supp. 111), 106.001–033
Menzies, Christof: Sarbanes-Oxley und Corporate Compliance – Nachhaltigkeit, Optimierung, Integration, Stuttgart 2006
Nagel, Simone: Entwicklung und Effektivität internationaler Maßnahmen zur Korruptionsbekämpfung, Baden-Baden 2007
Nehring, Dr. Michael: Ankläger und Anwalt des Staates, German American Law Journal, 27. November, 2007, http://amlaw.us/nehring-staatsanwaltschaft-2007.shtml.
Partsch, Christoph: The Foreign Corrupt Practices Act (FCPA) der USA, Berlin 2007

Pieth, Mark; Eigen, Peter: Korruption im internationalen Geschäftsverkehr, 1999 (S 439 h Korru 1999)
Schliesky, Utz: Öffentliches Wirtschaftsrecht, 3. Auflage, Berlin 2008
Schulte, Martin LL.M. (London);Görts, Cornelius LL.M. (Warwick): Die SEC-Untersuchung nach dem Foreign Corrupt Practices Act, RIW, 2006, 561–568
Sporkin, Stanley: The Worldwide Banning of Schmiergeld: A Look at the Foreign Corrupt Practices Act on its Twentieth Birthday, 18 Nw. J. Intl L. & Bu. 269 (271), 1997–1998
Tarun, Robert W.: Basics of the Foreign Corrupt Practices Act- What Every General Counsel, Transactional Lawyer and White Collar Criminal Lawyer Should Know, April 2006
Walisch, Wilfried B.: Organisatorische Prävention gegen strafrechtliche Haftung deutscher Unternehmen und ihrer Leitungen nach US-Recht, Berlin 2004
Wolf, Sebastian: Die Modernisierung des deutschen Antikorruptionsstrafrechts durch internationale Vorgaben, NJW 2006, 2735 (2737)
Wolf, Sebastian: Internationalisierung des Antikorruptionsstrafrechts: Kritische Analyse zum Zweiten Korruptionsbekämpfungsgesetz, ZRP 2007, 44 (46)

A. Einleitung

Seit 1977 ermittelt die amerikanische Börsenaufsichtsbehörde (Securities Exchange Commission/SEC) und das Justizministerium (Department of Justice/DOJ) Verstöße gegen den »Foreign Corrupt Practices Act« (FCPA), ein US Gesetz welches die Bekämpfung der Bestechung ausländischer Amtsträger durch amerikanische Unternehmen bezweckt[1]. Seit einiger Zeit mehren sich nun auch die Verfahren dieser US-Behörden gegen im Ausland ansässige Unternehmen und deren Vorstände. In Deutschland sind in den letzten Jahren, insbesondere die Verfahren gegen DaimlerChrysler und Siemens[2] öffentlichkeitswirksam in den Medien präsentiert worden. Zuvor war nur den wenigsten Unternehmen das Risiko eines Verstoßes gegen den FCPA bewusst. Gerade in Anbetracht der existenzvernichtenden Buß- und Strafgeldsummen, die aufgrund des FCPA gegen Unternehmen und Individuen verhängt werden ist jedoch ein Bewusstsein für die Bestimmungen und Geltungsbereiche dieser fremden Norm unerlässlich. Jede einzelne Verletzung des FCPA kann mit Bußgeldern bis zu $ 2 000 000 und Freiheitsstrafen von bis zu fünf Jahren geahndet werden[3]. Hinzu kommen beträchtliche zivilrechtliche Strafsummen, sog. »punitive damages«, wie sie in Deutschland nicht existieren[4]. Somit können FCPA-widrige Verhaltensweisen für die betroffenen Unternehmen katastrophale und teilweise existenzbedrohende Folgen haben. Ein Ziel dieser Arbeit wird es deshalb sein, auf die Risiken, die durch die Eröffnung des Geltungsbereichs des FCPA für deutsche Unternehmen entstehen hinzuweisen und Vorschläge aufzubereiten, wie ein solches Unternehmen im Rahmen der vom FCPA zulässigen Geschäftspraktiken in Bezug auf einschlägige Sachverhalte agieren sollte.

---

1 Lay-Person's Guide to FCPA, http://www.usdoj.gov/criminal/fraud/docs/dojdocb.html

2 Spiegel Online, 02. Februar 2007, »US-Justiz ermittelt gegen Siemens«

3 *Schulte/Görts*, RIW 2006, 561 (565)

4 *Schulte/Görts*, RIW 2006, 561 (566)

In diesem Zusammenhang stellt sich eine weitere Frage nach der Zuständigkeit der US-Behörden zur Ahndung solcher FCPA Verstöße in Deutschland und sogar zur Anwendbarkeit dieses Gesetzes auf in Deutschland ansässige Unternehmen. Mit den Änderungen, die der US Kongress am FCPA im Jahre 1998 vorgenommen hat, wurde die Jurisdiktion für den FCPA auch auf ausländische juristische und natürliche Personen erweitert[5]. Damit beanspruchte die USA für sich die Zuständigkeit über alle ausländischen Korruptionsvorgänge, solange ein Unternehmen an der Bestechung teilgenommen hatte, das entweder in den USA börsennotiert war[6] oder sich zumindest auf dem amerikanischen Kapitalmarkt Finanzmittel beschafft hatte[7]. Zudem sind inzwischen alle Unternehmen und natürliche Personen nach dem FCPA haftbar, die auf dem Hoheitsgebiet der USA Handlungen zur Förderung der Korruption auch nur fahrlässig vornehmen, unabhängig von der Staatsangehörigkeit bzw. dem Geschäftssitz der Person[8]. Ausreichend für den Bezug zum Hoheitsgebiet der USA soll unter anderem sein, dass ein ausländisches Unternehmen oder eine ausländische Person die Vornahme einer einschlägigen Handlung durch eine andere Person veranlasst, die als deren Vermittler für die Gesellschaft oder Person handelt[9]. Damit ist die Erforderlichkeit eines *geografischen* Bezugs zum Hoheitsgebiet der USA aufgehoben. Eine solche weitgreifende Zuständigkeit der USA stellt nicht nur eine Beschneidung der Autorität anderer Länder dar, sondern bringt mit sich auch ein erhebliches und nur schwer kontrollierbares Risiko für das betroffene Unternehmen. Ein Unternehmen muss nämlich befürchten für ein und dieselbe korrupte Handlung zugleich durch die amerikanischen Behörden und denen des Heimatlandes belangt zu werden. Zudem nimmt eine solche umfassende Kompetenz anderen Ländern ihre Souveränität in Bezug auf die Einschätzung der Strafwürdigkeit korrupten Verhaltens. Auch diese Fragen sollen nachfolgend ausführlich untersucht und behandelt werden. Schließlich soll dabei besonders auf den Umgang mit den aus dem FCPA entstehenden Risiken und die erforderlichen Maßnahmen durch das Unternehmen zur Vermeidung strafbaren Verhaltens Wert gelegt werden.

---

5 *R. Tarun*, FCPA, S. 2 und wortgleich in der Übersetzung, *C. Partsch*, FCPA, S. 26 (im Folgenden wird, soweit sich keine Unterschiede ergeben, nur *Tarun* zitiert).

6 *Schulte/Görts*, RIW 2006, 561 (564)

7 *Schulte/Görts*, RIW 2006, 561 (564)

8 *R. Tarun*, FCPA, S. 2.

9 *R. Tarun*, FCPA, S. 2.

B. Entstehungsgeschichte und historische Entwicklung des FCPA

Um ein umfassendes Verständnis des FCPA zu erreichen, kommt man nicht umher sich auch seine Entstehungsgeschichte anzusehen. Die Motivation des amerikanischen Gesetzgebers dieses Gesetz zu erlassen und immer wieder an die sich verändernden Bedingungen in der internationalen Wirtschaftswelt anzupassen können zum Teil erklären, warum das Gesetz heute so umfassend und teilweise undurchsichtig ist.

I. Motive für den Erlass des FCPA

Als der FCPA erlassen wurde, reagierte die US-Regierung mit dem Gesetz auf einen Aufschrei aus der Bevölkerung nach Regulierung und Moralisierung der Finanzmärkte und des Handels. Gerade in der heutigen Wirtschaftskrise ist ein Blick in die Köpfe der damaligen Gesetzgeber interessant. Denn die Regelungen von damals wirken heute noch fort.

1. Die Watergate-Affäre

Der FCPA entstand im Rahmen der Nachwirkungen des Watergate Skandals, der schließlich in der Amtsniederlegung des Präsidenten Richard Nixon im Jahre 1974 gipfelte. Die Affäre selbst löste eine ganze Reihe von weiteren Untersuchungen zu korruptem und in sonstiger Weise unredlichem Verhalten in der Geschäfts- und Politikwelt aus. Der durch die Ermittlungsbehörden eingesetzte Untersuchungsausschuss des amerikanischen Senats stellte eine Vielzahl korrupter Handlungen durch Regierungsbeamte und beauftragte Unternehmen fest, die durch den Präsidenten und seine Regierung gebilligt worden waren und sich als Betrug, illegaler Spionage bis hin zum einfachen

Diebstahl im Falle des Einbruchs in das Watergate Hotel entpuppten[10]. Es stellte sich heraus, dass Richard Nixon, in seinem Bemühen um eine Wiederwahl den Einbruch in die Parteizentrale der demokratischen Partei veranlasst hatte, um dort relevante Dokumente über die Präsidentschaftskandidatur aufzufinden. Durch die Beschlagnahme von Tonbandaufnahmematerialien, die in Nixons Büro aufgefunden wurden, konnte des Weiteren festgestellt werden, dass Nixon auch an einer Rechtsbehinderung teilgenommen hatte, um den Einbruch zu verdecken. Dieser Skandal löste selbstverständlich ein großes Entsetzen in der amerikanischen Bevölkerung aus und bedeutete für Richard Nixon und viele seiner Angestellten das politische Aus. Darüber hinaus markiert der Skandal eine Wende in der amerikanischen Politik und für das Ansehen selbiger durch die Öffentlichkeit. Die Öffentlichkeit forderte weitere Ermittlungen.

2. Aufdeckung von Korruption in Unternehmen

Die weiteren Untersuchungen der SEC, die aufgrund des Watergate-Skandals veranlasst wurden, brachten erschütternde Ergebnisse mit sich. Es wurden unzählige Korruptionsvorgänge in Unternehmen in den USA aufgedeckt und verfolgt. Im Rahmen ihrer Bemühungen ein möglichst hohes Maß an Transparenz herzustellen und sich einen Überblick über das Phänomen der Korruption in wirtschaftlichen Vorgängen branchenübergreifend zu verschaffen, bot die SEC denjenigen Unternehmen Immunität von der Strafverfolgung an, die sich freiwillig stellten und ihre internen Korruptionsvorgänge eigenständig aufdeckten[11]. Durch dieses Vorgehen konnte die SEC feststellen, dass über $ 300 000 000 aus US Unternehmen an in- und ausländische Regierungsbeamte geflossen waren. Berücksichtigt man den erlangten Gegenwert der durch diese Korruption erwirtschaftet werden konnte und den damaligen Wert des Dollars wird unmittelbar deutlich, dass es sich um einen wesentlichen Anteil des Umsatzes der amerikanischen Wirtschaft handelte, der von der Korruption betroffen war. Auch 117 der namhaften Fortune 500 Unternehmen waren an solchen Vorgängen beteiligt. Es wurde evident, dass im Bereich der Korruptionsbekämpfung enormer Handlungsbedarf bestand, um die Redlichkeit des Geschäftsverkehrs und dadurch das durch diese Skandale erschütterte Vertrauen der amerikanischen Bürger in selbiges wiederherzustellen.

---

10 C. Partsch, FCPA, S. 2.
11 C. Partsch, FCPA, S. 2.

3. Lockheed Bestechungsskandal

Auch die weitere Entwicklung des amerikanischen Antikorruptionsrechts wurde durch das bekannt werden von Bestechungsskandalen beeinflusst. Die Lockheed-Corporation war ein US-amerikanisches Unternehmen, welches in der Luft- und Raumfahrtsindustrie tätig war. Im Jahre 1976 wurde, im Rahmen von Untersuchungen bezüglich eines von der US-Regierung an Lockheed ausgezahlten Rettungspakets, aufgedeckt, dass das Unternehmen $ 22 000 000 in Bestechungszahlungen an ausländische Beamte im Rahmen der Verkaufsverhandlungen rund um den F-104 Starfighter ausgezahlt hatten. In diesem Skandal spielte auch die Bundesrepublik Deutschland eine entscheidende Rolle. Aus den Ermittlungen gingen Vorwürfe gegen den damaligen Verteidigungsminister Franz Josef Strauß hervor, für sich und die regierende CSU $ 10 000 000 an Bestechungszahlungen im Gegenzug für die Bestellung eines 900 F-104G Starfighters im Jahre 1961 entgegen genommen zu haben. Die Partei stritt diese Vorwürfe ab, begegnete jedoch im Jahre 1976 im Rahmen der Bundestagswahl erneut Kritik, als bekannt wurde, dass die Dokumentation zu dem Lockheed verfahren vernichtet worden war.

Dieser und diverse andere Skandale ähnlichen Charakters empörten die amerikanische Gesellschaft zutiefst. Der moralische und sittliche Verfall der Gesellschaft und vor allem der Geschäftswelt, welche für die Amerikaner die Grundlage ihrer auf Kapitalismus beruhenden freiheitlichen Existenz bildeten, ließen die Rufe nach einem Einschreiten des Gesetzgebers unüberhörbar laut werden. Irgendwie musste diesem Verfall ein Riegel vorgeschoben werden.

4. Erlass des Foreign Corrupt Practices Act

Im Jahre 1977 wurde als Antwort auf diesen Vertrauensschwund der »Foreign Corrupt Practices Act« (FCPA) verabschiedet, in der Hoffnung dadurch ein redliches Vorgehen amerikanischer Unternehmen im Umgang mit Amtsträgern im Ausland zu gewährleisten. Zunächst betraf das Korruptionsverbot nur US-amerikanische Unternehmen und Staatsbürger. Allerdings wurde für alle in den USA börsennotierten Unternehmen gleichzeitig eine Auflage erlassen nach der sie, neben der Befolgung des Korruptionsverbots, zur umfassenden Buchführung und Verwahrung der Buchführungsunterlagen verpflichtet wurden. Diese zweispurige Aufteilung des FCPA in Buchführungspflichten und Bestechungsverboten ist bis heute erhalten geblieben.

II. Kritik am FCPA von 1977

Der Erlass und die Durchsetzung des FCPA löste von Anfang an eine Welle an Kritik aus. Gegner des Gesetzes argumentierten, dass die Bestimmungen des Bestechungsverbotes zu vage formuliert seien, und dass amerikanische Unternehmen deshalb besser beraten seien Geschäftstätigkeiten im Ausland einzustellen oder gar nicht erst aufzunehmen. Eine solche Rechtslage schädige jedoch die amerikanische Wirtschaft, die zu einem großen Anteil aus Exportgeschäften und Aufträgen im Ausland bestehe[12]. Zudem wurde beanstandet, dass die Erfüllung der Buchführungspflichten derart kostenintensiv sei, dass sie ebenfalls auf die amerikanische Gesamtwirtschaft eine schädliche Auswirkung hätten. Dieses Argument wurde vor allem damit untermauert, dass Unternehmen aufgrund der enorm hohen drohenden Straf- und Bußgelder geneigt seien, übermäßig konservative und teure Buchführungsmechanismen einzuführen[13]. Die heftigste Kritik rührte aus der Angst, amerikanische Unternehmen würden aus dem Grund durch die Bestimmungen des FCPA gegenüber ausländischen Unternehmen einen Wettbewerbsnachteil erleiden, weil sie auf die in anderen Ländern üblichen Schmiergeldzahlungen verzichten müssten und demzufolge schlechtere Chancen bei der Auftragsakquise hätten. Auch die kostenintensiven Buchführungsmaßnahmen ließen die amerikanischen Unternehmen im Vergleich zu ihren ausländischen Konkurrenten am kürzeren Hebel sitzen. Deshalb wurde eine Angleichung der Rechtslage für ausländische Unternehmen an das für amerikanische Unternehmen verlangt.

Eine weitere Schwäche des Gesetzes wurde darin gesehen, dass ausnahmslos jede Bestechung als Zuwiderhandlung geahndet wurde, selbst wenn es sich bei der korrupten Handlung um eine für den Standort übliche oder gar notwendige Vorgehensweise handelte, die nur der Beschleunigung von Amtshandlungen diente, die ohnehin vollbracht werden müssten. Gefordert wurde deshalb die Einführung einer Minimaklausel hinsichtlich der Höhe der Bestechungszahlungen und darüber hinaus einen Ausnahmetatbestand für sog. »*routine governmental action*«, also solche Handlungen, die der Amtsträger ohnehin zu vollziehen hat, die aber unter Zuhilfenahme motivierender Leistungen durch das Unternehmen schneller erlangt werden können.

---

12 M. Seitzinger, CRS Report to Congress, 1999, http://www.fas.org/irp/crs/Crsfcpa.htm.
13 M. Seitzinger, CRS Report to Congress, 1999, http://www.fas.org/irp/crs/Crsfcpa.htm

III. Entwicklung durch das OECD Abkommen

Diese Kritiken behielt der amerikanische Gesetzgeber zumindest teilweise im Blick, als er 1998 Veränderungen am FCPA vornahm, um seiner Verpflichtung zur Umsetzung des Abkommens der *Organization for Economic Cooperation and Development* (OECD) zur Bekämpfung der internationalen Korruption[14] nachzukommen. Im Zuge dieser Umsetzung wurde der Bestechungstatbestand im Hinblick auf Tatobjekt und Adressat erheblich erweitert. Der Amtsträgerbegriff wurde ausgedehnt, um auch Beauftragte des Staates und Private zu umfassen, die für den Staat in bestimmter Weise tätig werden. Der Adressatenkreis wurde hinsichtlich beider Tatbestände erweitert, um auch im Ausland ansässige Unternehmen und deren Beauftragte zur Einhaltung der Buchführungs- und Redlichkeitsvorschriften zu verpflichten. Im Folgenden soll der Tatbestand in der Fassung, die er durch diese Umsetzung eingenommen hat, untersucht werden und seine Bestimmungen und Anwendbarkeit vor allem im Rahmen seiner Relevanz für deutsche Unternehmen beleuchtet werden.

---

14 Eine genauere Darstellung des Abkommens und seiner Umsetzung in den USA und in Deutschland erfolgt an späterer Stelle unter Teil C. VI. 1. und Teil D.

C. Darstellung des FCPA, insb. Inhalte und Regelungen

I. Einführung

Seit seiner Ursprungsfassung aus 1977 lässt sich der FCPA in drei Regelungsbereiche untergliedern. Zunächst verbietet das Gesetz jedwede Art der Bestechung von ausländischen Amtsträgern durch US-Unternehmen. Eine weitere Regelung verpflichtet Emittenten von Aktien auf dem amerikanischen Markt zur detaillierten Buchführung, welche präzise alle Geschäftsvorgänge und Transaktionen ausweist und wahrheitsgetreu benennt. Des Weiteren wird von allen bei der SEC registrierten Unternehmen verlangt, dass diese aufwendige Kontrollsysteme einführen und erhalten, um die Kontrolle und Autorität der Geschäftsleitung über den Umgang mit dem Unternehmensvermögen sicherzustellen[15]. Darüber hinaus enthält der FCPA Vorschriften für sowohl zivilrechtliche als auch strafrechtliche Verfolgung der diversen Verstöße. Im Folgenden wird zunächst die Struktur des Gesetzes und seiner Tatbestände dargestellt und dabei auf die besonderen Risiken dieser Norm vor allem für deutsche Unternehmen hingewiesen. Des Weiteren sollen Vorschläge erarbeitet werden, wie mit diesen Risiken umzugehen ist, um ein haftungsrechtlich sicheres Agieren am amerikanischen Markt zu gewährleisten.

1. Verfahrenstypen

Der FCPA sieht zwei Verfahrenstypen vor, die zur Ahndung von Verstößen gegen die FCPA Bestimmungen dienen. Verstöße können zum einen strafrechtlich durch das DOJ verfolgt werden. Diese Verfahren führen nach den Ermittlungen zur Einleitung eines Strafverfahrens, bei dem der Staat durch den DOJ vertreten wird. Bei Feststellung eines Verstoßes durch ein solches Strafverfahren können Geld- oder Freiheitsstrafen verhängt werden[16].

Zusätzlich sieht das Gesetz auch ein zivilrechtliches Verfahren vor, bei dem die SEC ermittelt. Zu den Besonderheiten dieses Verfahrenstyps, welches kei-

---

15 M. Seitzinger, CRS Report to Congress, 1999, http://www.fas.org/irp/crs/Crsfcpa.htm
16 Näher hierzu unten unter C. IV.

ne genaue Entsprechung im deutschen Recht findet, wird an späterer Stelle ausführlich eingegangen.

2. Tatbestände

Das Gesetz unterscheidet diverse Pflichten, die in unterschiedlichen Tatbeständen geregelt sind. Einige, vornehmlich die Buchführungs- und Compliancepflichten, treffen nur Unternehmen, welche bei der SEC registriert, also in den USA zur Wertpapierausgabe lizenziert sind. Andere Vorschriften, vor allem die Antikorruptionsbestimmungen, sind dagegen letztlich auf jede natürliche oder juristische Person anwendbar unabhängig von der Zuordnung dieser Person zum amerikanischen Rechtsgebiet. Zwar müssen die Parteien einen Bezug zu dem Hoheitsgebiet der Vereinigten Staaten Amerikas aufweisen. Allerdings wird zu sehen sein, dass dieser Bezug nur sehr lose sein muss, sodass letztlich jede international agierende Geschäftsperson potenziell in den Geltungsbereich dieser Normen fällt.

3. Zuständigkeit der Vereinigten Staaten von Amerika

Im Rahmen der Umsetzung des OECD Abkommens[17], das Anlass für viele Neuerungen und Änderungen im FCPA war, mussten die Amerikaner auch der Pflicht nachkommen erforderliche Maßnahmen zu treffen, um ihre Gerichtsbarkeit über die Bestechung ausländischer Amtsträger zu begründen, sofern die Taten im Hoheitsgebiet der USA begangen werden[18]. Diese Umsetzungspflicht hat der amerikanische Gesetzgeber allerdings durch die erweiterte Zuständigkeitsregelung des FCPA bei Weitem übertroffen. Gemäß 15 U.S.C. §78dd-3(a) gilt der FCPA für alle natürlichen und juristischen Personen des In- und Auslands, welche auf dem Hoheitsgebiet der Vereinigten Staaten Amerikas irgendeine Handlung zur Förderung einer verbotenen Zahlung vornehmen oder veranlassen. Was dies im Einzelnen bedeutet wird unten bei der Beschreibung der FCPA Tathandlungen ausführlich beschrieben. Allerdings lässt sich bereits hieraus erkennen, dass der erforderliche Bezug zu den USA ein nur geringer ist. Dies zeigte sich auch im Fall der SEC gegen eine

---

17 siehe zum Abkommen Teil C. VI. 1
18 OECD- Übereinkommen, Artikel 4.

Tochter von KPMG mit Sitz in Indonesien[19] ganz konkret. In diesem Fall wurde einem Partner der indonesischen Steuerberatungsgesellschaft vorgeworfen eine Zahlung an einen indonesischen Finanzbeamten genehmigt zu haben, um für einen Mandaten in den USA eine geringere steuerliche Veranlagung zu bezwecken. Als Anknüpfungshandlung wurde den Beklagten vorgeworfen eine falsche Rechnung bei dem US Unternehmen veranlasst zu haben. Die Steuerberater hatten jedoch zu keinem Zeitpunkt Handlungen in den USA selbst vorgenommen. Obgleich das Verfahren in einem Vergleich endete, sodass keine gerichtliche Aussage zu dem Verhalten vorliegt, zeigt sich an diesem Fall das Potenzial des FCPA, sich auf Sachverhalte zu erstrecken, welche bestenfalls einen marginalen Zusammenhang zum Hoheitsgebiet der USA aufweisen.

II. Bestechungstatbestand

Wenngleich der Bestechungstatbestand des 15 U.S.C. § 78dd-1 in seiner aktuellen Fassung in weiten Bereichen auf die Umsetzung des OECD Abkommens zurück zu führen ist, ist er im internationalen Vergleich ein einzigartiger[20]. Gekennzeichnet ist er vornehmlich durch einen überaus weiten Adressatenkreis und ungewöhnlich hohe Straf- und Bußgelder. Von den deutschen Korruptionsdelikten der §§ 299 ff. StGB unterscheidet er sich auch dadurch, dass im FCPA nur diejenigen Verhaltensweisen untersagt sind, die anbietender Natur sind. Somit ist derjenige, welcher angebotene Schmiergelder annimmt nicht vom Anwendungsbereich des Gesetzes umfasst und kann somit auch nicht nach dem FCPA belangt werden. Dieser Umstand lässt sich leicht aus der Tatsache erklären, dass der FCPA mittels der Unterdrückung der Bestechung ausländischer Beamter den internationalen Geschäftsverkehr zu schützen bestimmt ist. Deshalb steht die Redlichkeit und Ehrlichkeit der betroffenen Amtsträger nicht im Vordergrund der Norm. Vielmehr sind das Verhalten der Geschäftsleute und die Geschäftspraktiken der im Ausland tätigen Unternehmen Zielscheibe der Kontrollmaßnahmen des Gesetzes. Selbstverständlich existieren auch im US-amerikanischen Recht Regelungen, die es einem Amtsträger untersagen Bestechungsleistungen anzunehmen[21]. Diese existieren jedoch nicht im Rahmen des FCPA und unterliegen somit auch

---

19 Civil Action No. H-01-3105 (S. D. Tex 2001); SEC Lit. Rel. No. 17 127 (12.9.2001).

20 *Schulte / Görts*, RIW 2006, 561 (562)

21 U.S.C. 18 § 201, nachzulesen unter: http://www.usoge.gov/laws_regs/statutes.aspx

nicht seinen besonderen Zuständigkeitsregelungen, sondern stellen vielmehr einfache amerikanische Rechtsnormen dar, die grundsätzlich nur für amerikanische Amtsträger Rechtswirkungen entfalten.

1. Objektiver Tatbestand

a) Adressatenkreis der Norm

Die Antikorruptionsbestimmungen des FCPA finden nur auf einen ausgewählten Personenkreis Anwendung, dessen Zugehörigkeitskriterien vom FCPA jedoch sehr großzügig ausgelegt werden. Für diesen ohnehin sehr weit gefassten Personenkreis wird von den ausführenden Behörden, also vornehmlich SEC und DOJ, in der Anwendung der Vorschrift eine extensive Auslegung bevorzugt, sodass es zu einer starken Ausuferung des persönlichen Anwendungsbereichs kommt. Dieser persönliche Anwendungsbereich wird in drei Adressatenkategorien unterteilt: Issuers,[22] Domestic Concerns,[23] Other Persons.[24]

aa) »Issuers«

In 15 U.S.C. §§ 78dd-1 werden als Adressatengruppe die sog. »*issuers*« genannt. Issuers sind Gesellschaften die auf dem amerikanischen Markt Wertpapiere emittieren oder sonst zur regelmäßigen Abgabe von Berichten bei der SEC verpflichtet sind. Dabei ist die Art des Wertpapiers unerheblich. Der amerikanische Kongress ist an der Erstellung einer für die SEC brauchbaren Definition gescheitert und stellte daher eine Auflistung von Wertpapieren, die unter den Begriff *securities* gefasst werden können zusammen,[25] deren Her-

---

22 15 U.S.C. §§ 78dd-1.
23 15 U.S.C. §§ 78dd-2.
24 15 U.S.C. §§ 78dd-3.
25 »any note, stock, treasury stock, security future, bond, debenture, certificate of interest or participation in any profit-sharing agreement or in any oil, gas, or other mineral royalty or lease, any collateral-trust certificate, preorganization certificate or subscription, transferable share, investment contract, voting-trust certificate, certificate of deposit for a security, any put, call, straddle, option, or privilege on any security, certificate of deposit, or group or index of securities (including any interest therein or based on the value thereof), or any put, call, straddle, option, or privilege entered into on a national securities exchange relating to foreign currency,

ausgeber dem FCPA unterliegen sollen. Die Emittenten sind in der Regel die ausgebenden Unternehmen, können aber auch staatliche Einrichtungen oder natürliche Personen sein.

Die Norm lautet dabei wie folgt:
»It shall be unlawful for any issuer which has a class of securities registered pursuant to section 78l of this title or which is required to file reports under section 78o(d) of this title, or for any officer, director, employee, or agent of such issuer or any stockholder thereof acting on behalf of such issuer, to make use of the mails or any means or instrumentality of interstate commerce corruptly in furtherance of an offer, payment, promise to pay, or authorization of the payment of any money, or offer, gift, promise to give, or authorization of the giving of anything of value to –

(1) any foreign official for purposes of –

(A) (i) influencing any act or decision of such foreign official in his official capacity, (ii) inducing such foreign official to do or omit to do any act in violation of the lawful duty of such official, or (iii) securing any improper advantage; or

(B) inducing such foreign official to use his influence with a foreign government or instrumentality thereof to affect or influence any act or decision of such government or instrumentality,

in order to assist such issuer in obtaining or retaining business for or with, or directing business to, any person;

(2) any foreign political party or official thereof or any candidate for foreign political office for purposes of –

(A) (i) influencing any act or decision of such party, official, or candidate in its or his official capacity, (ii) inducing such party, official, or candidate to do or omit to do an act in violation of the lawful duty of such party, official, or candidate, or (iii) securing any improper advantage; or

(B) inducing such party, official, or candidate to use its or his influence with a foreign government or instrumentality thereof to affect or influence any act or decision of such government or instrumentality.

---

or in general, any instrument commonly known as a ›security‹; or any certificate of interest or participation in, temporary or interim certificate for, receipt for, or warrant or right to subscribe to or purchase, any of the foregoing; but shall not include currency or any note, draft, bill of exchange, or bankers' acceptance which has a maturity at the time of issuance of not exceeding *nine months*, exclusive of days of grace, or any renewal thereof the maturity of which is likewise limited«, Section 3a item 10 of the 1934 Act in order to assist such issuer in obtaining or retaining business for or with, or directing business to, any person; or

(3) any person, while knowing that all or a portion of such money or thing of value will be offered, given, or promised, directly or indirectly, to any foreign official, to any foreign political party or official thereof, or to any candidate for foreign political office, for purposes of –

(A) (i) influencing any act or decision of such foreign official, political party, party official, or candidate in his or its official capacity, (ii) inducing such foreign official, political party, party official, or candidate to do or omit to do any act in violation of the lawful duty of such foreign official, political party, party official, or candidate, or (iii) securing any improper advantage; or

(B) inducing such foreign official, political party, party official, or candidate to use his or its influence with a foreign government or instrumentality thereof to affect or influence any act or decision of such government or instrumentality,

in order to assist such issuer in obtaining or retaining business for or with, or directing business to, any person.«[26]

Der Wortlaut ist im Wesentlichen für die weiteren Adressaten wortgleich übernommen worden und um die zusätzlichen Merkmale ergänzt worden, die auf diese jeweils zutreffen. Der vollständige Gesetzestext und eine Übersetzung ins deutsche finden sich in Anhang dieser Arbeit[27].

bb) »Domestic Concerns«

Der Begriff »*domestic concerns*« bezieht sich auf alle natürlichen und juristischen Personen der USA und zählt dazu auch die sog. »*residents*«, also natürliche Personen, die zwar in den USA dauerhaft leben, jedoch ohne amerikanische Staatsbürger zu sein. Juristische Personen der USA sind solche, die ihren dauerhaften Sitz im Hoheitsgebiet der Vereinigten Staaten Amerikas haben.

---

26 Untersagt ist jedem Emittenten, der gemäß sec. 78l dieser Vorschrift verpflichtet ist und jedem Funktionär, Vorstand, Angestellter oder Vertreter eines solchen Emittenten das Anbieten, Zahlen, Zusagen einer Zahlung oder sonstiger Geschenke oder Gegenstände von Wert an einen ausländischen Amtsträger zum Zweck der Beeinflussung des Beamten oder der Verleitung zu einer Pflichtwidrigen Handlung, um geschäftliche Kontakte herzustellen oder aufrecht zu erhalten …

27 siehe Anlage 1.

Sowohl »*issuers*« als auch »*domestic concerns*« waren von Anfang an Adressaten des Bestechungstatbestandes. Bis zu den Änderungen des Gesetzes im Jahre 1998 war jedoch erforderlich, dass diese das amerikanische Postwesen oder den »*interstate commerce*[28]« nutzten, um die korrupte Leistung zu fördern. Diese Voraussetzung wurde aufgehoben, sodass diese zwei Personengruppen nach dem Bestechungstatbestand des FCPA haftbar sind, unabhängig von der Frage, ob sie innerhalb des Hoheitsgebietes der Vereinigten Staaten korrupte Handlungen vorgenommen oder solche gefördert haben. Somit haftet ein US Unternehmen auch für die Handlungen von Angestellten im Ausland, selbst wenn keine Geldmittel von den USA transferiert wurden und keine der amerikanischen Mitarbeiter von der Bestechung Kenntnis hatten oder an ihr teilgenommen haben.

cc) »Other Persons«

Von besonderem Interesse für deutsche Unternehmen dürfte die, seit den Änderungen von 1998 einbezogene, dritte Kategorie der Adressaten der Antikorruptionsvorschriften sein, nämlich die sog. »*other Persons*«, also sonstige Personen. Dieser Auffangtatbestand umfasst zunächst alle Personen, die weder Emittenten noch »*domestic concerns*« sind und somit jede beliebige dritte Partei. Der erforderliche Bezug zum Hoheitsgebiet der USA wird bei dieser Adressatengruppe nicht über die Adressaten selbst, sondern ausschließlich mittels der Tathandlung hergestellt, auf die später noch näher eingegangen wird. Entscheidend für die Strafbarkeit ist, dass die, sich im Übrigen nicht von den Tathandlungen der anderen Adressatengruppen unterscheidende, korrupte Handlung in den USA begangen oder zumindest ermöglicht wurde.

Der Tatbestand umfasst somit zunächst alle Personen, juristisch und natürlich. Die korrupte *Handlung* alleine muss gem. §78dd-3(a) irgendeinen Bezug zum Hoheitsgebiet der USA aufweisen. Genannt wird explizit die Ver-

---

28 Der Begriff »*Interstate Commerce*« bezeichnet den Handel zwischen den einzelnen Bundesstaaten und vor allem auch die hierfür bereitgestellte Infrastruktur (Autobahnen, Schienennetz, Telekommunikationsnetze usw.). Entscheidend ist dabei, dass Produkte, Leistungen oder Gespräche die Grenzen eines Bundesstaates überschreiten. Im Föderalismus des amerikanischen Rechts spielt diese Grenzüberschreitung deshalb eine so erhebliche Rolle, weil sie eine Gesetzgebungs- und Strafverfolgungszuständigkeit des Bundes begründet. Verfassungsrechtlich verankert ist der sog. *Commerce Clause* in Article 1, Section 8, Clause 3 United States Constitution: »The Congress shall have power (…) To regulate commerce with foreign nations, and among the several states, and with the Indian tribes«.

wendung von »*interstate commerce*«, also die Nutzung der amerikanischen Post und Telekommunikationsmedien als Bindeglied zwischen einer ausländischen Bestechung und dem Hoheitsgebiet. Seit 1998 ist der FCPA jedoch dahingehend erweitert worden, dass auch jede sonstige von einem korrupten Willen getragene Handlung, die innerhalb der USA unternommen wird, eine Haftung auslösen kann. Umfasst sind auch Handlungen von Angestellten, Geschäftsführern oder sonstigen Vertretern des Unternehmens.

Durch die Weite der umfassten Personengruppen stellt der Bestechungstatbestand ein ernst zu nehmendes Risiko für alle international agierenden Unternehmen dar. Oftmals wird in der Literatur das Augenmerk vor allem auf die sehr strengen Buchführungspflichten des FCPA gelegt und darin das Hauptrisiko deutscher Unternehmen gesehen. Angesichts des umfassenden Anwendungsbereichs der Bestechungsvorschrift stellt diese, besonders für kleinere Unternehmen, jedoch ebenfalls eine immense Gefahr dar. Dies wird umso deutlicher wenn man sich vor Augen hält, dass die großen international börsennotierten Unternehmen, auf die die Buchführungspflichten anzuwenden sind, umfangreiche Ressourcen und Experten zur Verfügung haben, die diese Unternehmen über die für sie bestehenden internationalen Pflichten aufklären können und sollten. Kleinere Unternehmen, die Geschäfte in den USA anstreben werden hingegen häufig keinerlei Kenntnis von den strengen Bestechungsvorschriften, ihrer ausfernden Anwendbarkeit und ihren verheerenden Strafandrohungen haben. In dieser Unkenntnis lauern jedoch große Gefahren.

Sucht man nach den Gründen für das verbreitete Unwissen oder Desinteresse auf diesem Gebiet stößt man vor allem auf wirtschaftliche Erwägungen. In vielen Branchen mit vornehmlich international ausgerichteter Tätigkeit wird ein erfolgreiches Wirtschaften ohne korrupte Handlungen kaum möglich sein. Dennoch wird über dieses Thema nur ungern gesprochen. Kein Unternehmen möchte zugeben, dass es von der Korruption betroffen ist. Darüber hinaus werden Bestechungszahlungen häufig einfach zum normalen Rechnungsposten gemacht. In Industrien in denen es überaus üblich ist Geschenke zu überreichen, um die Geschäftsbeziehungen zu stärken fehlt den Beteiligten häufig jegliches Unrechtbewusstsein. Insoweit erscheint die Bestechung, ähnlich wie die Steuerhinterziehung, zu einem Kavaliersdelikt zu verkommen. Stellt man die Höhe der zu erwartenden Strafe und die Wahrscheinlichkeit der Aufdeckung zu dem durch die Bestechung zu erzielenden Gewinn in Verhältnis wird es sich wirtschaftlich in der Regel nicht lohnen, auf diese übliche Form der Geschäftsbegünstigung zu verzichten. Jedoch wenden sich die internationalen Regierungen und Behörden immer stärker diesem Deliktsgebiet zu, sodass, gerade im Hinblick auf die enorme Höhe der zu erwartenden Strafen, diese Rechnung in Zukunft wohl nicht mehr aufgehen wird.

b) Sonstige Merkmale des objektiven Tatbestandes

Der Tatbestand lässt sich in vier wesentliche Tatbestandsvoraussetzungen untergliedern. Untersagt ist danach jede Handlung, die zum Zweck der Förderung einer Zahlung, eines Angebots, einer Zusicherung oder der Bereitstellung von Geldmitteln oder sonstiger Vorteile unternommen wird und in korrupter Weise geeignet und bestimmt ist eine amtliche Handlung oder Unterlassung eines ausländischen Amtsträgers (»*foreign official*«) zu beeinflussen.

Dem deutschen Strafrechtler drängt sich dabei auf, dass der Tatbestand keinerlei Erfolg voraussetzt. Nicht nur muss es zu der angestrebten Handlung oder Unterlassung des Amtsträgers erst gar nicht kommen; selbst die tatsächliche Förderlichkeit für die Vornahme einer solchen Handlung ist vollkommen entbehrlich. Ausreichend ist vielmehr, dass eine Förderungsabsicht vorliegt und in Richtung der Verwirklichung dieser Absicht irgendeine Handlung unternommen worden ist. Bestraft wird somit reines Handlungsunrecht, dass zwar durch das Tätigwerden in der Realität eine gewisse Wirkung entfaltet, jedoch ohne dass es zu einer Beeinträchtigung irgendeines Rechtsguts gekommen sein muss. Bereits auf dem ersten Blick wird somit klar, dass der Tatbestand eine enorme Weite aufweist, die das zuordnen bestimmter Verhaltensweisen als strafrechtlich irrelevant erheblich erschwert. Im Folgenden sollen deshalb die einzelnen Elemente des Tatbestandes genau beschrieben und die darin enthaltenen Risiken beleuchtet werden.

aa) Amtsträger

Die Bestechungsvorschrift des FCPA stellt ausschließlich die Bestechung eines ausländischen Amtsträgers unter Strafe. Für den Begriff des ausländischen Amtsträgers bietet der FCPA in 15 U.S.C. §78dd-1(f)(1)(A) eine weit reichende Legaldefinition. Danach ist ein Amtsträger im Sinne dieser Vorschrift »*ein Funktionär oder Angestellter einer ausländischen Regierung oder eines Ministeriums, einer Behörde oder Einrichtung einer solchen oder der einer öffentlichen internationalen Organisation oder eine sonstige Person, die in amtlicher Funktion oder im Namen einer solchen Regierung, eines solchen Minis-*

teriums, einer solchen Behörde oder Einrichtung derselben oder für eine solche öffentliche internationale Organisation oder in deren Namen handelt«. Von dieser Definition erfasst sind nicht nur Staatsangestellte und deren Vertreter, sondern ebenfalls diejenigen, die nur zeitweise Angelegenheiten des Staates im Rahmen eines Auftrages erledigen, selbst wenn diese Angestellte einer privatrechtlich organisierten Gesellschaft oder sogar Privatpersonen sind[29].

(1) Ausländische Amtsträger

Ein Faktor, der den FCPA erheblich von der Antikorruptionsgesetzgebung anderer Länder unterscheidet ist die Begrenzung des Tatbestandes auf *ausländische* Amtsträger. Selbstverständlich erfolgt die Bewertung, ob ein Amtsträger ausländisch ist aus amerikanischer Perspektive, sodass alle nicht-U.S.-amerikanischen Amtsträger ausländisch im Sinne des Gesetzes sind.

(2) Ausführung eines Amtes

Die von dem Gesetz einbezogenen Amtsträgergruppen weisen eine sehr unterschiedliche Nähe zur Staatshoheit auf. Zunächst genannt werden die Funktionäre und Angestellte einer ausländischen Regierung oder eines ausländischen Ministeriums. Hierunter sind wohl alle vom Amtsträgerbegriff des deutschen Rechts umfassten Personen zu zählen. Somit umfasst der Begriff alle Personen, die dazu bestellt sind bei einer Behörde oder sonstigen Stelle Aufgaben der öffentlichen Verwaltung wahrzunehmen[30]. Zu den Behörden oder sonstigen Stellen zählen alle Körperschaften des öffentlichen Rechts, Anstalten und Stiftungen.

Vom FCPA umfasst sind auch alle gewählten Gesetzgeber oder Mitglieder des Parlaments, sowie Mitarbeiter eines Organs einer Behörde. Ausdrücklich vom FCPA genannt werden zudem alle Vertreter und Beauftragte solcher Einrichtungen. Von besonderem Interesse ist dabei die Frage, wann auch Private als Amtsträger im Sinne des FCPA in Betracht kommen.

Somit wäre ausreichend, dass ein privater Bauunternehmer, der mit einem

---

29 *W.M. Nietzer*, DAJV-NL, 1998, 43 (44).
30 § 11 I Nr. 2 StGB

öffentlichen Bauvorhaben beauftragt wurde bestochen wird. Zudem fallen alle politischen Parteien und deren Funktionäre oder Kandidaten unter den Amtsträgerbegriff, da auch diese entscheidenden Einfluss auf die Auftragsvergabe und Materialbeschaffung nehmen können. Somit wird das Fehlen eines dem §299 StGB entsprechenden Tatbestandes weitestgehend kompensiert[31], da in vielen Fällen auch private Rechtssubjekte die Merkmale eines Amtsträgers im Sinne des Gesetzes erfüllen.

Unklar ist hingegen, ob auch solche Personen von den Bestimmungen umfasst sein sollen, die zwar einer privatrechtlich organisierten Gesellschaft angehören, diese jedoch mehrheitlich einem Hoheitsträger gebühren oder zumindest von einem solchen mehrheitlich finanziert wird[32]. Die Behandlung solcher sog. gemischtwirtschaftlicher Unternehmen wird auch im Deutschen Recht unterschiedlich beurteilt. Als entscheidendes Kriterium für die Zuordnung eines Unternehmens zu einem Hoheitsträger gilt das Maß an Einflussnahmemöglichkeiten, die dem Staat dem Unternehmen gegenüber zusteht. Ausschlaggebend soll dabei sein, dass die öffentliche Hand einen *beherrschenden* Einfluss auf das Unternehmen ausübt. Das soll zum Beispiel dann der Fall sein, wenn ihr eine gesellschaftsvertragliche Stimmrechtsmehrheit zukommt. Nicht ausreichend soll hingegen sein, wenn ihr alleine nach der Kapitalbeteiligung eine Mehrheit zukommt, ohne die Möglichkeit entscheidenden Einfluss auf unternehmerische Tätigkeit auszuüben[33]. Es kommt somit maßgeblich auf die Beeinflussung des tatsächlichen Wirkens eines Unternehmens an. Erforderlich für die Zuordnung zum Staat ist also, dass er die Aufgaben des Unternehmens in erheblicher Weise gestaltet und an der Ausübung seines Einflusses nicht durch außerstaatliche Anteilseigner gehindert werden kann.

Zu der Frage der Behandlung solcher gemischtwirtschaftlicher Unternehmen, wie zu vielen weiteren Rechtsfragen im Rahmen des FCPA haben die amerikanischen Gerichte, unter anderem wegen der hohen Anzahl der Einstellungen dieser Verfahren, bisher keine Entscheidungen erlassen und somit keine Präzisierungen der Begriffe vorgenommen. Angesichts der Tendenz der US Behörden, den Gesetzestext möglichst weit auszudehnen und die darin ent-

---

31 Auch in den USA ist die Angestelltenbestechung als *Mailfraud* oder *Wirefraud* bundesgesetzlich strafbar. Hinzu kommt, dass viele Bundesstaaten eigene Haftungsregeln für solche Fälle vorsehen. Allerdings ist auf diese Sachverhalte nicht das FCPA anwendbar, mit der Konsequenz, dass die allgemeinen US-Amerikanischen strafrechtlichen Regelungen eingreifen.

32 *C. Partsch*, FCPA, S. 9.

33 U. Schliesky, Öffentliches Wirtschaftsrecht, S. 142.

haltenen Begriffe weit auszulegen, muss jedoch davon ausgegangen werden, dass auch gemischtwirtschaftliche Unternehmen und deren Organe als taugliche Empfänger von Bestechungszahlungen im Sinne des FCPA anzusehen sind. Dies müsste auch auf Unternehmen zutreffen, bei denen nur eine Anteilsmehrheit besteht, da anderenfalls die angestrebte umfassende Kriminalisierung nicht erreicht werden könnte.

Deutlich wird bei der Zusammenfassung tauglicher Empfänger von Bestechungszahlungen, dass das FCPA nur geringe Anforderungen an die Nähe zum Staat oder Hoheitsträger stellt. Fast jede Beziehung zum Staat, die mit einer Entscheidungs- oder Regelungszuständigkeit einhergeht, vermag bereits eine Amtsträgereigenschaft in diesem Sinne zu begründen. Aus der folgenden Liste ergibt sich eine Auswahl der möglicherweise betroffenen Personen:

- die Staatsführung (alle Stellen der Regierung und der Administration),
- die Justiz (Richter, Staatsanwaltschaft),
- die Legislatur (beispielsweise Parlamentsmitglieder),
- das Militär (alle Dienstgrade),
- Angestellte von öffentlichen internationalen Organisationen (EU, Weltbank, UN),
- Amtsträger und Funktionäre politischer Parteien und Kandidaten für öffentliche Ämter,
- Angestellte von Unternehmen, die in staatlichem Besitz sind sowie gemischtwirtschaftliche Unternehmen und
- königliche Familien[34]
- Private, die für den Staat öffentliche Aufträge ausführen.

Ob der weiten Auslegung des Amtsträgerbegriffs durch die SEC, kann auch in diesem Bereich nur dazu geraten werden im Zweifel die Anwendbarkeit der Bestechungsvorschriften in Bezug auf eine bestimmte Person in staatlicher Funktion zu vermuten.

bb) Tathandlung

Auch in Bezug auf die geregelte Tathandlung ist das FCPA in seiner Anwendung sehr weit. Vom FCPA verboten wird die Gewährung eines jeden wert-

---

[34] Beispiele nach *Menzies*, SOA, S. 27.

haltigen Vorteils (»*anything of value*[35]«). Das Gesetz beschreibt eine Vielzahl von Handlungen, die unter einer solchen verbotenen Gewährung verstanden werden können. Untersagt ist demnach die Zahlung, das Anbieten oder Zusichern einer Zahlung, das Genehmigen einer Zahlung oder das Anbieten von Geld, Geschenken oder sonstigen werthaltigen Leistung.

(1) Vermögenswerte Leistung

Zur Frage, welche Gegenstände im Einzelnen als werthaltig oder »geldwert« anzusehen sind schweigt das Gesetz. Auch die amerikanischen Gerichte haben im Rahmen des FCPA bislang keine Konkretisierung des Begriffs vorgenommen.

(a) Begriffsbestimmung

Um ein Verständnis für den Inhalt des Begriffs vermögens- oder geldwert zu erlangen, ist es hilfreich sich zunächst die aus dem deutschen Recht bekannten Überlegungen zum Vermögensbegriff zu vergegenwärtigen. Außerdem können auch die allgemeinen, also nicht FCPA bezogenen Regeln des amerikanischen Rechts Aufschluss über die Auslegung der Begriffe auch innerhalb des FCPA ergeben.

(aa) Vermögensbegriff im deutschen Recht

Im deutschen Recht wird zunächst unterschieden zwischen dem rechtlich geschützten Vermögen im Rahmen des Strafrechts und dem Vermögensbegriff des Zivilrechts. Da es sich bei dem FCPA vornehmlich um eine strafrechtliche Regelung mit strafrechtlichen Sanktionen handelt solle hier der Schwerpunkt auf der Darstellung des strafrechtlichen Vermögensbegriffs liegen.

Die Diskussion um die Festlegung der Grenzen des Vermögensbegriffs im deutschen Strafrecht werden zumeist in Zusammenhang mit dem Betrugstatbestand des § 263 StGB geführt. Obgleich der Begriff heute noch vollkommen umstritten ist, herrscht doch zumindest dahingehend Einigkeit, dass das Vermögen in den hierfür entscheidenden §§ 253, 263 und 266 begrifflich gleich

---

35 15 U.S.C. §§ 78dd-1(a).

zu verstehen ist[36]. Der Inhalt des Begriffs hingegen bleibt eines der großen Streitpunkte der Strafrechtswissenschaft. Im Groben lassen sich die derzeit vertretenen Vermögensbegriffe in drei Gruppen unterteilen:

- Juristischer Vermögensbegriff
- Wirtschaftlicher Vermögensbegriff
- Juristisch-ökonomischer Vermögensbegriff.

Im Folgenden werden diese drei Gruppen kurz dargestellt und auf die aktuelle Position der deutschen Rechtsprechung eingegangen, um im weiteren Verlauf anhand dieser Bestimmung die Unterschiede der Begrifflichkeiten im Rahmen des FCPA zum deutschen Strafrecht erläutern zu können.

(i) Juristischer Vermögensbegriff

Inzwischen nur noch vereinzelt vertreten wird der sog. juristische Vermögensbegriff[37]. Nach dieser Begriffsbestimmung gehören zum geschützten Vermögen alle Vermögensrechte einer Person, unabhängig von ihrem wirtschaftlichen Wert. Somit sollen alle als subjektive Rechte anerkannten Positionen Teil des Vermögens sein. Nicht geschützt sind dementsprechend wirtschaftlich wertvolle Positionen, die nicht Teil eines subjektiven Rechts sind, wie Erwerbsaussichten, Arbeitskraft und Exspektanzen. Auch alle rechtswidrigen Positionen sind nach diesem Verständnis vom Vermögen ausgeschlossen.

(ii) Wirtschaftlicher Vermögensbegriff

Den Gegensatz zu dem juristischen Vermögensbegriff bildet der sog. wirtschaftliche Vermögensbegriff. Hierbei wird nicht auf die juristische Zuordnung einer Position geachtet. Vielmehr soll alleine entscheidend die Frage sein, ob der Position ein wirtschaftlicher Wert beigemessen werden kann[38]. Dabei ist es vollkommen unerheblich, ob die Position ein subjektives Recht oder Teil eines solchen darstellt. Im Gegenzug werden jedoch solche Gegenstände nicht geschützt, die zwar ein subjektives Recht begründen, jedoch

---

36 *Peter Cramer / Walter Perron* in: Schönke Schröder, 27. Aufl., München 2006, § 263 Rn. 78b.
37 *Andreas Hoyer* in: SK, 7. Aufl. 2004, § 263 Rn. 88.
38 *Peter Cramer / Walter Perron* in: Schönke Schröder, 27. Aufl., München 2006, § 263 Rn. 80b.

wirtschaftlich betrachtet wertlos sind. Andererseits werden tatsächliche Erwerbsaussichten dem Vermögen zugeschrieben, soweit ihnen bereits ein wirtschaftlicher Wert beigemessen werden kann, auch wenn sie noch keine subjektiven Rechte darstellen. Unerheblich ist außerdem die Rechtmäßigkeit der Vermögensposition in ihrer Zuordnung zu einem Rechtssubjekt, sodass auch nichtige Ansprüche aus verbotenen Geschäften oder sonst widerrechtlich erlangte Positionen Schutz genießen[39].

(iii) Juristisch-ökonomischer Vermögensbegriff

Zwischen diesen beiden Ansichten vermittelnd stehen die diversen Ausprägungen des juristisch-ökonomischen Vermögensbegriffs. Die Vertreter dieser Begriffsbestimmung gehen einhellig davon aus, dass nur solche Positionen vom geschützten Vermögen umfasst sind, welche auch einen wirtschaftlichen Wert innehaben. Subjektive Rechte ohne einen solchen Wert fallen aus dem strafrechtlichen Schutzbereich des Vermögens heraus. Abweichend vom reinen wirtschaftlichen Vermögensbegriff werden jedoch nicht alle wirtschaftlich werthaltigen Positionen zu dem Vermögen gezählt. Vielmehr soll eine juristische Korrektur der wirtschaftlichen Einordnung vorgenommen werden. Diese Korrektur wird auf unterschiedliche Weise ausgestaltet[40]. Dabei wird beispielsweise vertreten, dass nur solche Positionen zum geschützten Vermögen gehören, welche unter dem Schutz oder der Billigung der Rechtsordnung stehen[41] oder doch zumindest nicht der Missbilligung der Rechtsordnung ausgesetzt sind[42]. Gemeinsam ist diesen Vorgehen die Bemühung um einen strafrechtlichen Vermögensbegriff, welcher im Einklang mit den Werten des gesamten Rechts steht und somit der Einheit der Rechtsordnung unter Berücksichtigung der Besonderheiten des Strafrechts gerecht wird.

---

39 *Johannes Wessels / Thomas Hillenkamp*, Strafrecht Besonderer Teil 2, 31. Aufl. Heidelberg 2008 Rn. 531.
40 *Andreas Hoyer* in: SK, 7. Aufl. 2004, § 263 Rn. 92.
41 *Franzheim*, GA 1960, 277.
42 *Lenckner*, JZ 1967, 107.

(iv) Position der Rechtsprechung

Im Grundsatz verfolgt die höchstrichterliche Rechtsprechung den wirtschaftlichen Vermögensbegriff[43]. Allerdings ergänzt sie diesen inzwischen durch Elemente des juristisch-ökonomischen Vermögensbegriffs, um Wertungswidersprüche zu vermeiden[44]. Unabhängig von der Kritik an der Rechtsprechung des BGH in den einzelnen Fällen[45] wird die Entwicklung auch insgesamt kritisch beäugt. Zwar sind sich die meisten Stimmen in der Literatur einig, dass es zugunsten der Einheitlichkeit der Rechtsordnung einer Korrektur des rein wirtschaftlichen Vermögensbegriffs bedarf[46], allerdings besteht auch die Angst durch solche Korrekturen Freiräume für wirtschaftliche Schädigungen zu schaffen[47]. Vielfach wird deshalb ein sog. wirtschaftlicher Vermögensbegriff mit normativer Schranke vorgeschlagen, wonach alle Positionen, denen ein wirtschaftlicher Wert beizumessen ist und die mangels *ausdrücklicher* rechtlicher Missbilligung unter Schutz der Rechtsordnung stehen, zum geschützten Vermögen zählen[48]. Somit müssten einbezogen werden sowohl vermögenswerte Expektanzen, sowie die eigene Arbeitskraft und der auch widerrechtlich erlangte Besitz einer Sache[49]. Auf die Unterschiede zwischen dieser Ansicht und der im amerikanischen Recht vorherrschenden wird nun im Folgenden näher eingegangen.

---

[43] *Johannes Wessels / Thomas Hillenkamp*, Strafrecht Besonderer Teil 2, 31. Aufl. Heidelberg 2008 Rn. 534.

[44] so auch im berühmt gewordenen, inzwischen durch die Einführung des ProstG vom 20.12.2001, BGBl I 3983 erledigten Falles des Dirnenlohns, bei dem der BGH entschieden hatte, dass der Lohn der Dirne keinen Schutz durch das Strafrecht genieße, weil dem Anspruch »für das Recht« kein Vermögenswert zukomme, BGHSt 4, 373.

[45] so beim Dirnenlohnfall zur Diskrepanz zwischen der Behandlung des Freiers und der Dirne, siehe hierzu *Andreas Hoyer* in: SK, 7. Aufl. 2004, § 263 Rn. 94.

[46] *Johannes Wessels / Thomas Hillenkamp*, Strafrecht Besonderer Teil 2, 31. Aufl. Heidelberg 2008 Rn. 535.

[47] *Thomas Hillenkamp*, Vorsatztat und Opferverhalten, 1981, S. 108ff.; *Volker Krey*, Strafrecht BT II, 12. Auflage, Rn. 435.

[48] *Klaus Tiedemann* in: LK, § 263 Rn. 132.

[49] *Johannes Wessels / Thomas Hillenkamp*, Strafrecht Besonderer Teil 2, 31. Aufl. Heidelberg 2008 Rn. 535 m.w.N.

(bb) Vermögensbegriff im amerikanischen Recht

Leider lässt sich aus den Formulierungen des FCPA selbst nicht abschließend ermitteln welche Leistungen als vermögenswert anzusehen sind. Auch Hinweise aus der amerikanischen Rechtsprechung speziell zum FCPA fehlen nahezu gänzlich. Verwiesen werden kann jedoch auf Rechtsprechung zu anderen Gesetzen, bei denen das Anbieten eines geldwerten Gegenstandes tatbestandlich vorausgesetzt ist. Dabei zeigt sich, dass auch hinsichtlich dieses Begriffs die Rechtsprechung zu einer weiten und umfassenden Auslegung tendiert[50]. In einer Reihe von Entscheidungen haben die *Circuit Courts* bestimmt, dass auch immaterielle Güter oder gemischt materielle und immaterielle Güter werthaltig sein können. Darunter zählten sie unter anderem die Zusicherung eines künftigen Arbeitsplatzes oder Hochschulstipendiums und die Zusage einer günstigen Zeugenaussage[51]. In diese Kategorie müssten auch die Aufnahme eines Verwandten als Praktikant oder Student und die Herausgabe guter Zeugnisse fallen.

(cc) Auslegung im Rahmen des FCPA

An diesen von der amerikanischen Rechtsprechung als vermögenswerten Leistungen angesehenen Beispielen lassen sich diverse Merkmale der im FCPA vorausgesetzten Tathandlung herausarbeiten. Zunächst zeigt sich am Beispiel der zugesagten Zeugenaussage, dass wohl sogar rechtswidrige Leistungen Vermögenswerte im Sinne des FCPA darstellen.

Im Rahmen des deutschen Strafrechts ist die Frage, inwieweit rechtswidrige Leistungen zum geschützten Vermögen zählen, wie oben gesehen, stark umstritten. Vor allem im Rahmen des Betruges wird diskutiert, ob das Opfer*vermögen* überhaupt betroffen ist, wenn das Opfer zu einem rechtswidrigen Zweck, z.B. die Tötung eines Menschen, Geldmittel hergibt und ihm die

---

50 Während im deutschen Strafrecht wegen des Grundsatzes des *nulla poena sine lege stricta* bei der Auslegung von Straftatbeständen, wegen des massiven Eingriffs in die Grundrechte des Täters, eine restriktive Handhabung der Tatbestandsmerkmale zu bevorzugen ist, und jedenfalls Analogien zulasten des Täters gegen Art. 103 II GG verstoßen, verhält sich das amerikanische Recht anders. Aufgrund des starken Einflusses der Gerichte und deren Macht das Recht maßgeblich selbst zu gestalten ist eine wesentlich höhere Freiheit von gemeinhin akzeptierten Auslegungen der in Strafgesetzen verwandten Begriffe zulässig.

51 US vs. Zouras, 497 F. 2d 1115, 1121 (7th Cir. 1974), US v. McDade, 827 F. Supp. 1153 (E.D. Pa. 1993)

Gegenleistung vorenthalten wird. Nach dem vorherrschenden ökonomisch-juristischen Vermögensbegriff, zählen zum geschützten Vermögen, wie gezeigt, jene Gegenstände, die einen wirtschaftlichen Wert aufweisen und von der Rechtsordnung nicht missbilligt werden[52]. Bis heute geht der BGH davon aus, dass es kein schlechthin »schutzunwürdiges Vermögen« gibt und dass nicht zugelassen werden kann, dass durch die Tabuisierung bestimmter Vermögensgegenstände ein rechtsfreier Raum entsteht[53]. Es ist davon auszugehen, dass die amerikanischen Gerichte diese Frage ähnlich behandeln werden, bedenkt man, dass es im Rahmen des FCPA auch gerade nicht um den Schutz des vermögenswerten Gegenstandes selbst geht, sondern um die Integrität des Rechtsverkehrs mit anderen Staaten. In Anbetracht gerade dieser Tatsache muss festgestellt werden, dass der vom FCPA pönalisierte korrupte Zweck auch gerade mit der Hingabe solcher Gegenstände oder Leistungen erreicht werden kann, die, wie die Zusage einer bestimmten Zeugenaussage, von der Rechtsordnung missbilligt werden. Auf die Rechtmäßigkeit der angebotenen Leistung kann es somit nicht ankommen.

(b) Perspektive der Bestimmung der Werthaltigkeit

Des Weiteren stellt sich die Frage aus wessen Sicht sich bestimmt, ob der angebotenen Leistung ein Geldwert zukommt. Da es für die Förderung des korrupten Zwecks auf die hinter der Leistung stehenden Erwartung ankommt, kann nur entscheidend sein, dass die Leistung aus Sicht des Leistungsempfängers wertvoll ist. So verhält es sich auch mit der oben erwähnten Zusage einer günstigen Zeugenaussage. Sie hat höchstens wegen des Zeitaufwandes aus Sicht des Anbieters einen Wert. Dieser Wert wird jedoch deutlich hinter dem Wert zurück bleiben, dem der Leistung aus Sicht des Empfängers zukommt. Für die Motivation, gegen die eigenen Dienstvorschriften zu verstoßen, kann für den Beamten nur der Wert der Leistung aus eigener Sicht interessant sein. Betrachtet man auch den Strafzweck, kommt man zu keinem anderen Ergebnis. Wenn die Leistung für den Anbietenden leicht und unaufwendig zu erbringen ist, vergrößert dies nur den unredlichen Vorteil, den er im Wettbewerb mit anderen haben wird. Umso deutlicher wird die Notwendigkeit, auch solches Verhalten zu unterbinden. Besondere Brisanz erhält der Themenkreis, wenn man solche Leistungen betrachtet, die, wie die Zusicherung einer güns-

---

52 *Fischer*, § 263 Rn. 54.
53 *Fischer*, § 263 Rn. 65f.

tigen Zeugenaussage, den Anbieter nichts kosten, dem Empfänger jedoch Vorteile gewähren, die in höchstem Maße von der Rechtsordnung missbilligt werden. Es kann nicht Sinn und Zweck des Gesetzes sein, den Schenker einer Flasche Dom Pérignon zu bestrafen und denjenigen, der eine Falschaussage anbietet, allein aufgrund der Tatsache, dass ihm diese keine Kosten verursacht, unbestraft davonkommen zu lassen.

(c) Zusammenfassung

Somit ist ersichtlich, dass jedwede Art von Leistungen in den Geltungsbereich der Bestechungsvorschriften des FCPA fallen kann. Entscheidend ist der Wert, der darin für den Beamten verkörpert wird. Stellt diese einen Teil des von der Rechtsordnung anerkannten, wenn auch nicht gebilligten Vermögens dar, so ist die Leistung unzulässig. Beispielhaft sollen hier einige aus der Rechtsprechung der amerikanischen Gerichte zum FCPA folgende Beispiele unzulässiger Leistungen genannt werden:

- Vorteile, wie die Gewährung von Preisnachlässen oder Darlehen,
- die Nutzung von Firmenwagen über einen längeren Zeitraum,
- Geschenke (wertvolle Schreibartikel, Weinpräsente, teure Vasen, usw.),
- Einladungen zu Reisen, Sportveranstaltungen sowie in Restaurants,
- Private Dienstleistungen (Autoreparaturen, Bauleistungen, Arbeits- oder Praktikumplätze für Familienangehörige und Freunde),
- Spenden für wohltätige Zwecke im Namen der Amtsträger und
- politische Spenden[54].

(2) Anbieten

Die oben beschriebene Leistung muss einem tauglichen Empfänger angeboten oder versprochen werden. Dies setzt zunächst einen Kontakt zwischen Täter und Amtsträger voraus. Dieser muss jedoch kein persönlicher Kontakt sein. Selbstverständlich reicht ein Telefonat, aber auch das unaufgeforderte Zusenden eines Geschenks vollkommen aus.

Hinzu kommt, dass die geldwerte Leistung nicht unmittelbar vom Täter, in

---

54 Beispiele nach *Menzies*, SOA, S. 26.

der Regel einem Unternehmen, an den ausländischen Amtsträger fließen muss. Ausreichend ist vielmehr, dass eine Leistung an irgendeinen Dritten im Bewusstsein bewirkt wird, dass dieser sie an einen solchen Amtsträger wird weiterleiten. In solchen Fällen haftet das Unternehmen im Rahmen einer sog. »*vicarious liability*«, also einer stellvertretenden Haftung. Diese Fallgruppe ist vergleichbar mit der Haftung für einen Verrichtungs- oder Erfüllungsgehilfen im deutschen Recht. Bereits die Leistung oder das Anbieten selbiger an den Gehilfen erfüllt vollumfänglich den Bestechungstatbestand des FCPA. Eine Weitergabe durch den Gehilfen an den eigentlichen Amtsträger ist ebenso wenig erforderlich wie die erfolgreiche Durchsetzung des erstrebten Vorteils durch den Amtsträger. Mit dieser Regelung werden Umgehungssachverhalte, bei denen die Bestechung über den Umweg eines Beraters und Beauftragten abgewickelt werden, mit in den Tatbestand aufgenommen.

2. Subjektiver Tatbestand

a) Vorsatz in Form des »Corrupt Intent«

Auf der subjektiven Tatseite setzt der Bestechungstatbestand voraus, dass die Zahlung oder das Angebot als Bestechung beabsichtigt war. Die Gewährung der Leistung muss also korrupt sein. Korrupt im Sinnes des FCPA ist die Leistung dann, wenn sie zum Zwecke der Anbahnung oder Ausweitung von Geschäftsbeziehungen erfolgt und gleichzeitig geeignet und bestimmt ist, einen Amtsträger zu verleiten eine pflichtwidrige Handlung oder Unterlassung zu begehen und dadurch seine Stellung zu missbrauchen[55].

In Bezug auf die Rechtswidrigkeit der Vornahme der Amtshandlung durch den Amtsträger wird ein sog. »*corrupt intent*« verlangt[56]. Hierbei könnte das Wort »intent« in dem Sinne verstanden werden, dass ein qualifizierter Vorsatz in Form der Absicht erforderlich sei[57]. Verstünde man Absicht dabei entsprechend dem Begriffgebrauch im deutschen Strafrecht, müsste es dem Täter gerade darauf ankommen, dass der Amtsträger seine Dienstpflichten verletzt. Vielfach wird es für den Täter jedoch keine Möglichkeit geben Einblick in die Rechtmäßigkeit verschiedener Handlungen zu gewinnen. Berücksichtigt man

---

55 *Schulte/Görts*, RIW 2006, 561 (562).
56 *Schulte/Görts*, RIW 2006, 561 (562).
57 *Schulte/Görts*, RIW 2006, 561 (562).

dabei auch den Leitfaden des Department of Justice zum FCPA, ist zu erkennen, dass das *Wissen* um Rechtswidrigkeit alleine ausreichend sein soll[58]. Daraus könnte man wiederum schließen, dass Vorsatz in Form des dolus directus zweiten Grades erforderlich sein soll. Zusammen mit den weiteren Inhalten des Merkblattes ergibt sich jedoch, dass der amerikanische Gesetzgeber unter dem Merkmal »Wissen« auch das grobfahrlässige Nichtwissen versteht. Im FCPA selbst wird das Wissen derart legaldefiniert, dass bereits ausreichend ist, wenn der Täter an die hohe Wahrscheinlichkeit der Rechtswidrigkeit des Verhaltens glaubt. Nicht ausreichend soll es dagegen sein, wenn der Täter von der Rechtmäßigkeit überzeugt ist[59]. Der Gesetzestext äußert sich hierzu wie folgt:

»When knowledge of the existence of a particular circumstance is required for an offense, such knowledge is established if a person is aware of a high probability of the existence of such circumstance, unless the person actually believes that such circumstance does not exist«[60].

Übersetzt heißt das: Wenn Kenntnis eines Umstands für die Erfüllung eines Deliktstatbestandes vorausgesetzt wird, so genügt es, dass der betreffenden Person die hohe Wahrscheinlichkeit des Vorhandenseins des Umstandes bewusst ist, es sei denn die Person glaubt fest an das Nichtvorhandensein. In der Literatur wird diese Äußerung des Gesetzes derart interpretiert, dass die subjektive Tatseite bereits dann erfüllt sein soll, wenn sich der Täter vor Umständen verschließt, welche vernünftigerweise auf die Rechtswidrigkeit schließen ließen[61]. Diese Interpretation scheint dem Gesetzeswortlaut zu widersprechen, der als Entlastung annimmt, dass der Täter von dem Nichtvorhandensein eines Umstands überzeugt ist. Untersucht man den Wortlaut jedoch näher, fällt auf, dass der zweite Halbsatz, in dem die Fälle ausgeklammert werden, in denen der Täter von dem Nichtvorhandensein überzeugt ist, insoweit überflüssig ist, als er den ersten Halbsatz lediglich umformuliert. Ist einer Person der hochwahrscheinliche Eintritt eines Ereignisses bewusst, so kann er nicht von dessen Ausbleiben *überzeugt* sein. Er kann vielmehr allenfalls hoffen, dass es dennoch nicht zu dem Ereignis kommen wird. Glaubt die Person hingegen fest daran, dass das Ereignis nicht eintreten werde, so kann

---

58 Lay-Person's Guide to FCPA, http://www.usdoj.gov/criminal/fraud/docs/dojdocb.html i.V.m. 15 U.S.C. §§ 78dd-1(f)(2)(B).
59 15 U.S.C. §§ 78dd-1(f)(2)(B).
60 15 U.S.C. §§ 78dd-1(f)(2)(B).
61 *Schulte/Görts*, RIW 2006, 561 (562).

sie wiederum nicht der hohen Wahrscheinlichkeit bewusst sein, bzw. dieser gleichzeitig Glauben schenken.

Das hoffen auf das Ausbleiben des Umstandes alleine soll jedoch nicht vom Vorwurf der Bestechung entlasten können. Dies entspricht auch der gesetzgeberischen Intention, die ihren Niederschlag in den Gesetzgebungsunterlagen gefunden hat. Dort wird von »*willful blindness*« und »*deliberate ignorance*«, also bewusste Blindheit und absichtlichem Unwissen gesprochen[62]. Beide Formen der Unkenntnis sind vom Gesetzgeber bei der Konzeption des Gesetzes als strafwürdig erachtet worden. Somit kann sich der Täter durch das bewusste sich vor den Indizien verschließen nicht entlasten.

b) Geschäftsziele

Im Jahre 2004 haben die amerikanischen Gerichte entschieden, dass auch ausreichend sein soll, dass der Täter mit seiner Zahlung nur den Geschäftsabschluss oder die Fortsetzung einer Geschäftsbeziehung mit einer dritten Partei fördern möchte[63]. Somit soll genügen, dass ein Amtsträger bestochen wird, um damit z. B. günstigere Zollbedingungen für einen Dritten zu ermöglichen, mit dem der Täter wiederum in Geschäftsbeziehungen steht[64]. Diese Entscheidung bezeugt abermals die Versuche der amerikanischen Rechtsprechung, den Anwendungsbereich des FCPA möglichst großzügig auszuweiten. Unter Anwendung dieser Auslegung kommt es nämlich überhaupt nicht mehr darauf an, dass der Täter für sich oder sein Unternehmen durch die Leistung einen Vorteil sichern möchte. Das Gesetz lässt infolgedessen bereits eine Art Drittbereicherungsabsicht zur Tatbestandserfüllung ausreichen. Der durch die Bestechung ermöglichte Vorteil muss lediglich für irgendeinen Dritten angestrebt werden. Freilich ist der Tatbestand noch insoweit eingeschränkt als die dritte Person in irgendeinem geschäftlichen Zusammenhang zum Täter stehen muss, sodass zumindest die Möglichkeit besteht, dass der Täter selbst von seinen Handlungen profitiert. Rein altruistische Taten an geschäftsfremde Personen werden folglich von der Strafbarkeit nach dem derzeitigen Stand der Rechtsprechung ausgenommen.

---

62 http://www.usdoj.gov/criminal/fraud/fcpa/history/1988/tradeact.html (7. Oktober 2008); übersetzt heißt dies: mutwillige Blindheit und absichtliches Nichtwissen.
63 US vs. Kay, 359 F. 3d 738 (5th Cir. 2004).
64 US vs. Kay, 359 F. 3d 738 (5th Cir. 2004).

3. Verteidigungsmöglichkeiten

Typisch für ein amerikanisches Strafgesetz ist die Regelung diverser Möglichkeiten mit denen der Täter den Vorwurf des geregelten Verhalts abwenden kann. Das FCPA hält verschiedene solcher Verteidigungstatbestände mit denen ein Bestechungsvorwurf durch das betroffene Unternehmen abgewehrt werden kann bereit. Diese unterteilt das Gesetz in zwei Gattungen, zum einen die »*routine governmental action*«, also routinemäßige Handlungen des Amtsträgers, und zum anderen die »*affirmative defenses*«, die sich als eine Art Minimaklausel verstehen lassen, wonach Verhalten aus dem Tatbestand ausgeschieden wird, dass sich nicht als Überschreitung des erlaubten Risikos bzw. als rechtlich noch erlaubt darstellt.

a) Routine Governmental Action

In Anerkennung des Umstandes, dass in einigen Ländern Schmiergeldzahlungen derart üblich sind, dass ohne sie auch rechtmäßige Diensthandlungen gar nicht oder doch nur sehr langsam unternommen werden, gestattet das Gesetz ein Absehen von der Strafe, bei Handlungen, deren ausschließlicher Zweck es ist, solche Amtshandlungen zu beschleunigen. An sich stellt ein solches Verhalten auch eine Bestechung dar und behindert dadurch auch den redlichen Wettbewerb. Allerdings erblickt das Gesetz in solchen Verhaltensweisen nur ein geringeres Unrecht, da der Täter auf die Vornahme der Diensthandlung ohnehin einen Anspruch hätte. Ausdrücklich im Gesetz genannt sind einige Beispiele solcher routinemäßigen Handlungen. Unter anderem nennt der FCPA die Weiterleitung offizieller Schriftstücke, wie z.B. Visa, das Bereitstellen von Polizeischutz und von Versorgungseinrichtungen, wie Strom, Wasser und Telefon[65]. Entscheidend für die Bewertung der Routinemäßigkeit der Handlung ist die Unterscheidung danach, ob der Amtsträger zur Vornahme im Rahmen seiner Amtstätigkeit ohnehin verpflichtet gewesen wäre[66]. Nicht umfasst sind allerdings die Begründung neuer Geschäftsbeziehungen oder die Entscheidung über die Fortsetzung einer bestehenden geschäftlichen Verbindung[67]. Ausschließlich in bereits bestehenden Verhältnissen sollen Zahlungen zur Förderung der routinemäßig zu erledigenden

---

65 15 U.S.C. §§ 78dd-1(b)-78dd-3(b).

66 *Schulte/Görts*, RIW 2006, 561 (563).

67 15 U.S.C. § 78 dd-1 (f).

Verwaltungsaufgaben zulässig sein. Diese Einschränkung dient der Eindämmung des Wettbewerbsvorteils welcher durch die Bestechung erreicht werden kann. Die Aufnahmen der Geschäftsbeziehungen müssen somit in jedem Fall auf redliche Weise vonstatten gehen. Lediglich bei bereits bestehenden Verhältnissen soll eine Lockerung im Umgang mit der Behörde möglich sein.

Erlaubt soll in diesem Rahmen jedoch nicht jedwede Art von Zahlungen sein. Vielmehr soll es darauf ankommen, dass die Zahlungen getätigt werden, um die üblichen Verwaltungsabläufe zu beschleunigen oder sonst zu fördern oder sicherzustellen. Solche Zahlungen nennt das Gesetz »*expediting or facilitating payments*«. Die Zahlungen sollen den Zweck verfolgen ein laufendes Verfahren um die Erlangung einer Erlaubnis, die Gewährung einer Leistung oder das Bereitstellen einer Versorgungseinrichtung zu beschleunigen oder gegebenenfalls die Einleitung eines solchen Verfahrens zu vereinfachen. Schließlich gibt es Länder in denen sich die Amtsträger derart an solche Zahlungen gewöhnt haben, dass das erfolgreiche Durchlaufen eines solchen Verfahrens ohne die entsprechenden Schmiergelder nahezu undenkbar ist. Mit der Begrenzung auf die beschleunigenden oder fördernden Zahlungen sind aus dem Tatbestand jedoch solche Zahlungen ausgenommen, die der »Anfütterung« des betroffenen Beamten dienen, um diesen im Hinblick auf das gesamte Unternehmen oder das Projekt positiv zu stimmen, in der Hoffnung, dass in der Zukunft erbetete Leistungen leichter vonstatten gehen.

Schulte/Görts verweisen auf die Schwierigkeiten, die entstehen, wenn die amerikanische Definition einer routinemäßigen Handlungen von derjenigen im jeweiligen Tätigkeitsland abweicht. Sie empfehlen sich im Zweifel an die amerikanische Rechtslage zu orientieren um eine Strafbarkeit zu verhindern[68]. Zwar ist dies mit Blick auf ein möglichst geringes Strafbarkeitsrisiko die vorsichtigere und daher empfehlenswerte Vorgehensweise. Allerdings erzeugt sie Widersprüche mit dem Ziel der Herstellung eines fairen Marktes und dem Zweck der Verteidigungsmittel, die Handlungsfähigkeit von Unternehmen in Staaten mit einer weniger ausgeprägten Vorstellung der Integrität im Amt zu gewährleisten. Im Einklang mit der Zielsetzung des FCPA würde die Ausnahme vielmehr dann stehen, wenn es für die Beurteilung der Routinemäßigkeit auf die Rechtslage des Staates in dem die Handlung vorgenommen wird, ankäme. Auch aus dieser Rechtslage bestimmt sich, inwiefern der Antragsteller einen Anspruch auf die Vornahme der Handlung durch den Beamten hat. Es

---

68 *Schulte/Görts*, RIW 2006, 561 (563).

sollte demnach für die Beurteilung der Routinemäßigkeit dieselbe Grundlage gelten.

b) Affirmative Defenses

Im FCPA sind diverse weitere sog. »*affirmative defenses*« genannt die der Angeklagte als Verteidigung vorbringen kann. Dabei stellt sich zunächst die Frage danach, was der Begriff »*affirmative defenses*« bedeutet und welche Entsprechungen er im deutschen Recht findet. Die Idee der »*affirmative defenses*« ist eine, die dem *Common Law* eigentümlich ist. Deshalb ist an dieser Stelle ein kurzer Exkurs in das amerikanische Strafrecht unumgänglich.

aa) Die Rolle der Defenses im amerikanischen Strafrecht

Das amerikanische Strafrecht erfordert, ebenso wie das deutsche, dass nicht nur ein Deliktstatbestand durch die Handlung eines Täters erfüllt wurde. Des Weiteren muss festgestellt werden, dass der Täter rechtswidrig und schuldhaft handelte. Das Fehlen von Rechtswidrigkeit oder Schuld kann der Angeklagte in einem amerikanischen Strafprozess durch das Hervorbringen von *defenses* nachweisen. Zudem können *defenses* eingesetzt werden um die Tatsachendarlegung der Staatsanwaltschaft zu widersprechen. Die Beweislast für das Vorliegen aller erforderlichen Deliktsmerkmale liegt grundsätzlich bei der anklagenden Behörde, in der Regel die Staatsanwaltschaft (*District Attorney*) oder in FCPA Fällen dem DOJ. Steht in Zweifel, ob der Angeklagte rechtswidrig und schuldhaft gehandelt hat, so hat die Staatsanwaltschaft das vorliegen des angeklagten Delikts nicht hinreichend bewiesen mit der Folge, dass der Angeklagte freizusprechen ist.

Um diese, für das amerikanische Strafrecht hochgradig relevante, Frage der Beweislast vollumfänglich verstehen zu können muss zunächst auf den Hauptunterschied zwischen dem amerikanischen und dem deutschen Strafverfahren hingewiesen werden. Während das deutsche Strafverfahren vom Amtsermittlungsgrundsatz geprägt ist[69], stellt sich das amerikanische Strafverfahren als kontradiktorisches Verfahren dar[70]. Im deutschen Strafverfahren ist der

---

69 § 244 Abs. 2 StPO.
70 *Dubber*, US-Strafrecht, S. 139.

Richter verpflichtet von Amtswegen den Sachverhalt vollständig aufzuklären und die Wahrheit der Tat ans Licht zu bringen. Auch die Staatsanwaltschaft vertritt dabei nicht ein im Vergleich zum Angeklagten gegenläufiges Interesse. Vielmehr ist er Organ der Rechtspflege[71] mit der Folge, dass er zur Wahrheitsermittlung verpflichtet ist. Er kann nicht selektiv nur dasjenige vortragen, was für den Angeklagten möglichst ungünstig ist, sondern muss vielmehr sämtliches von ihm ermitteltes Beweismaterial dem Gericht zur Verfügung stellen. Während der gesamten Ermittlungen ist die Staatsanwaltschaft an das Legalitätsprinzip und an den Ermittlungsgrundsatz gebunden.

Anders stellt es sich im amerikanischen Strafverfahren dar. Dort darf der Richter bzw. in vielen Fällen eine aus Laien besetzte Jury nur diejenigen Tatsachen bei der Entscheidungsfindung berücksichtigen, die von einer der Parteien im Prozess vorgetragen wurden[72]. Die Anklage ist, anders als im deutschen Strafverfahren, nicht nur Strafverfolgungsorgan, sondern auch Partei im Strafprozess und vertritt dabei die Interessen des Staates, vor allem das aus dem Strafanspruch folgende Interesse an einer Verurteilung. Allerdings ist sie nicht zu einer umfassenden Ermittlung des Sachverhalts verpflichtet, was sich mitunter an der »Deal-Freudigkeit« der amerikanischen Staatsanwaltschaften erkennen lässt[73]. Darüber hinaus ist sie nicht verpflichtet dem Gericht sämtliche Tatsachen vorzulegen. Sie kann und wird vielmehr in aller Regel nur diejenigen Tatsachen im Prozess vorbringen, die ihre Sicht der Tatumstände wiedergeben. Der Angeklagte stellt dann ebenfalls die für ihn günstigen Tatsachen dar. Staatsanwaltschaft und Angeklagter stehen sich somit gewisser-

---

[71] BGHSt 24, 170 (171), allerdings wird auch vertreten, dass die Staatsanwaltschaft ausschließlich Organ der Exekutive ist (BverfGE 103, 142 (156)). Die wohl herrschende Meinung in der Literatur schreibt ihr hingegen eine Doppelrolle zu (*Werner Beulke*, Strafprozessrecht, § 5 Rn. 88 m.w.N.).

[72] *Michael Nehring*, Ankläger und Anwalt des Staates, German American Law Journal, 27. November, 2007, http://amlaw.us/nehring-staatsanwaltschaft-2007.shtml

[73] Als »*Deal*« wird auch im amerikanischen Strafprozess der Vorgang bezeichnet bei dem der Angeklagte ein Geständnis ablegt, um das Verfahren zu beschleunigen. Im Gegenzug wird ihm dafür eine geringere Strafe auferlegt. Im Gegensatz zu dem umstrittenen Phänomen des Deals im deutschen Strafprozess, genießen amerikanische Staatsanwaltschaften in einem solchen Vorgang weitaus größere Freiheiten. Es ist zum Beispiel möglich, dass der Angeklagte ein gegenüber der Anklage anderes Delikt gesteht und dafür die Strafe bekommt. Das eigentlich angeklagte Delikt bleibt dann völlig unberücksichtigt. Die Staatsanwaltschaft kann dem Angeklagten auch Immunität versprechen im Gegenzug für eine Aussage gegen eine dritte Person. Ein solches Vorgehen wäre mit dem deutschen Legalitätsprinzip nicht vereinbar.

maßen als Rivalen gegenüber. Daher nennt man das amerikanische Strafverfahren auch ein kontradiktorisches Verfahren.

Aus diesen Umständen ergibt sich die enorm hohe Bedeutung der Frage danach, wem die Beweislast für das Vorliegen oder Fehlen eines Umstandes zukommt. Aus diesen Ausführungen sollte jedoch keinesfalls der Eindruck entstehen, dass die amerikanische Staatsanwaltschaft an das Gebot des rechtmäßigen Handelns nicht gebunden sei. Auch in den USA ist die Staatsanwaltschaft verpflichtet die Anklage zurück zu nehmen, sofern sie nicht mehr von der Schuld des Angeklagten überzeugt ist. Der Unterschied zum deutschen Verfahrensrecht besteht vielmehr in der Darstellung des den Staatsanwalt von der Schuld des Angeklagten überzeugenden Sachverhalts vor dem Gericht. Ist der amerikanische Staatsanwalt einmal von der Schuld seines Verdächtigen überzeugt, so muss er vor Gericht auch nur die für seine Sichtweise günstigen Tatsachen darlegen um auch den entscheidenden Richter oder, in der Mehrheit der Fälle, die Jury ebenfalls von seiner Ansicht zu überzeugen.

In einem Strafverfahren muss also der Staatsanwalt nachweisen, dass keine *defenses* vorliegen[74]. Gelingt dies nicht muss der Angeklagte aufgrund des im amerikanischen Recht ebenfalls geltenden *in dubio* Grundsatzes freigesprochen werden. Somit genügt es bei den einfachen *defenses* zunächst, dass der Angeklagte ihr Vorliegen lediglich behauptet. Dann obliegt es der Staatsanwaltschaft diese Behauptung zu widerlegen. Da es allerdings darum geht, die Jury zu überzeugen, wird der Angeklagte oder sein Anwalt in aller Regel dennoch alles hervorbringen, was das Vorliegen des behaupteten *defenses* untermauert. Die Jury ist verpflichtet einen Freispruch zu gewähren, solange die Staatsanwaltschaft nicht alle begründeten Zweifel an der Schuld des Angeklagten ausgeräumt hat, auch ohne dass sich der Angeklagte überhaupt äußert.

bb) Die Einzelnen Defenses im amerikanischen Strafverfahren

Das amerikanische Strafrecht kennt folgende fünf Kategorien von *defenses*:
(1) *Failure of Proof Defenses*
(2) *Offense Modification Defenses*
(3) *Justifications*

---

74 D. *Beneman*, Understanding Affirmative Defenses, http://www.fd.org/pdf_lib/Beneman_Affirmative_Defenses_materials.pdf.

(4) *Excuses*
(5) *Nonexculpatory Defenses.*

In der Terminologie erinnern einige dieser Gruppen an die aus dem deutschen Recht bekannten Deliktsebenen. Allerdings ist immer daran zu denken, dass der Aufbau von Delikten im deutschen Strafrecht mit seinen drei Stufen nicht auf das amerikanische System übertragen werden darf. Zwar gelten in vielen Fällen ähnliche Prinzipien. Doch ist die Struktur der Behandlung aller relevanten Merkmale eine völlig andere, *Common Law* eigentümliche.

(1) Failure of Proof Defenses

Die Kategorie der *Failure of Proof defenses*, die sich übersetzen lässt als die Verteidigung des fehlenden Beweises, kann immer dann erhoben werden, wenn der Angeklagte zum Ausdruck bringen möchte, dass die Anklage einen wesentlichen Bestandteil des angeklagten Delikts noch nicht bewiesen hat[75]. Daraus darf jedoch nicht auf eine Umkehr der Beweislast geschlossen werden. Die Beweislast für das Vorliegen aller Bestandteile eines Delikts liegt immer bei der Staatanwaltschaft[76]. Vielmehr dient dieser *defense* dazu dem Angeklagten die Gelegenheit zu geben den Sachverhalt an einer Stelle aufzuklären, wo, ohne eine weitere Äußerung des Angeklagten, die Jury den Vortrag des Staatsanwalts als bewiesen erachten müsste. Ein Schulbuchbeispiel für einen Anwendungsbereich dieses *defenses* ist der sog. Regenschirmfall:

> T besucht an einem verregneten Freitagabend seine Lieblingskneipe auf, um nach einer harten Arbeitswoche ein kühles Bier zu genießen. Als seine Frau auf seinem Handy anruft und ihn dringend nachhause bittet, lässt er sein Bier stehen und eilt zur Tür hinaus. In der Hektik greift er nach seinem schwarzen Schirm. Allerdings merkt er dabei nicht, dass im Schirmständer zwei nahezu identische Regenschirme stehen und er sich den des Wirtsgastes G geschnappt hat.

Obschon dieser Fall natürlich äußert simpel ist, illustriert er doch sehr plas-

---

75 *LaFave*, Criminal Law, S. 445.
76 D. *Beneman*, Understanding Affirmative Defenses, http://www.fd.org/pdf_lib/Beneman_Affirmative_Defenses_materials.pdf.

tisch den Anwendungsbereich der Verteidigung des fehlenden Beweises. Hätte nämlich in diesem Fall der Staatsanwalt völlig schlüssig und überzeugend dargelegt, dass T an dem besagten Abend in der Kneipe war und, dass der Regenschirm des G auch bei T in der Wohnung gefunden wurde, so liefe alles auf eine Verurteilung wegen Diebstahls hinaus. Der *defense* gibt T in diesem Fall die Gelegenheit darzulegen, dass er den erforderlichen Vorsatz bezüglich der Wegnahme einer *fremden* Sache gar nicht hatte. Somit bietet diese Art des *defenses* lediglich die Möglichkeit einer anderen Tatsachendarstellung.

(2) Offense Modification Defenses

Die *Offense Modification defenses*, die sich am besten mit Verteidigung durch Modifikation des Vorwurfs übersetzen lassen, unterscheiden sich von der vorangestellten Art dadurch, dass sie sich nicht in der Negation des Vorwurfs erschöpft[77]. Vielmehr kann eine solcher *defense* in den Fällen zu Anwendung kommen, in denen der Angeklagte zwar alle Merkmale der angeklagten Tat verwirklicht hat, das von der Norm zu schützende Rechtsgut jedoch keinen Schaden genommen hat. Diese Fälle sind vergleichbar mit denen, die im deutschen Recht unter dem Stichwort Schutzzweck der Norm auf der Ebene der objektiven Zurechnung von der Strafbarkeit ausgenommen werden. Je nach dem, wie genau die Tat in der betreffenden Norm umschrieben ist, kann sich diese Art der *defenses* mit den oben genannten *Failure of Proof Defenses* überschneiden. Dies demonstriert *LaFave* in seinem Lehrbuch anhand des Merkmals der Einwilligung oder Zustimmung zu einem Eingriff in ein geschütztes Rechtsgut. Setzt der Tatbestand voraus, dass die Handlung gegen den Willen des Opfers geschieht, wie es bei dem Tatbestand der Vergewaltigung der Fall ist, dann stellt die Darlegung des Einverständnisses der betroffenen Person ein *Failure of Proof Defense* für den Angeklagten dar. Anderseits gibt es Tatbestände, die über ein Einverständnis nichts sagen, bei denen dennoch im Falle des Vorliegens eines Einverständnisses der Schutzzweck der Strafnorm im Einzelfall nicht berührt wird. In solchen Fällen würde die Berufung auf ein vorhandenes Einverständnis ein *Offense Modification Defense* darstellen.

---

77 *LaFave*, Criminal Law, S. 446.

(3) Justifications

Die Kategorie der *Justifications* ist vergleichbar mit dem Begriff der Rechtfertigungsgründe im deutschen Strafrecht. Im Unterschied zu den voran genannten *defenses*, setzt ein *Justification Defense* voraus, dass ein unzulässiger Eingriff in ein fremdes Rechtsgut vorgenommen wurde. Die Strafbarkeit soll jedoch ausnahmsweise entfallen, weil dem Täter besondere mildernde Umstände zugute kommen, die es ungerechtfertigt erscheinen lassen eine Bestrafung vorzunehmen. *Justification defenses* weisen somit alle die gleiche allgemeine Struktur auf. Bei allen bestehen bei der Tat auslösende Umstände, die eine verhältnismäßige Erwiderung aus Sicht der Rechtsordnung erforderlich machen. Voraussetzung ist, dass die vom Angeklagten vorgenommene Handlung erforderlich war, um ein anderes, größeres Übel von einem geschützten Rechtsgut abzuwenden. Darüber hinaus findet zwischen Mittel und Zweck eine Verhältnismäßigkeitsuntersuchung statt. Es darf z. B. nicht zu tödlichen Verteidigungsmitteln gegriffen werden um ein Nasenbluten zu verhindern[78]. Auf die *justifications* finden die allgemeinen Strafgrundsätze ebenfalls Anwendung. Als wesentliche Teile des Straftatbestandes, sog. *material elements*, muss sich bei den *justifications* der Tätervorsatz auch auf ihr Nichtvorliegen beziehen, um eine Strafbarkeit zu begründen[79]. Dies muss auch von der Staatsanwaltschaft bewiesen werden. Gleiches gilt für die unten stehende Gruppe der *defenses*, der *excuses*.

(4) Excuses

Excuses entsprechen im Wesentlichen den Entschuldigungsgründen im deutschen Strafrecht. Von den *justifications* unterscheiden sie sich dadurch, dass sie sich im Allgemeinen auf das gesamte Täterverhalten beziehen und nicht auf nur einzelne Straftatbestände[80]. Im Falle des Vorliegens der Voraussetzungen eines *Excuses* wird eine Verurteilung deshalb für unangemessen erachtet, weil der Täter einen Mangel an Verantwortung, oder in der deutschen Strafrechtsterminologie, Schuld, aufweist. Klassisches Beispiel in der amerikanischen Ausbildungsliteratur ist der sog. *insanity defense*, der vergleichbar ist mit dem deutschen § 20 StGB. Die Ursachen des erforderlichen Zustan-

---

78 *LaFave*, Criminal Law, S. 447.
79 *Dubber*, US Strafrecht, S. 142.
80 *LaFave*, Criminal Law, S. 448.

des können dauerhafter oder vorübergehender Natur sein und können aus dem Täter selbst oder situationsbedingt auftreten. Ein dauerhafter, die Schuld ausschließender Zustand, wäre beispielsweise der Schwachsinn, während der Rausch einen nur vorübergehenden Zustand darstellt. Aus der Person des Täters heraus stammt die Geisteskrankheit, während eine Handlung unter Zwang ihren Ursprung in der Umwelt des Täters hat. Alle diese Defektzustände könnten als *excuse* geltend gemacht werden und führen zum Ausschluss der Strafbarkeit.

In den Anfängen des *common law* in Großbritannien war die Unterscheidung zwischen *justification* und *excuse* von großer Bedeutung. Während das Vorliegen einer *justification* dazu führte, dass dem Täter ein vollwertiger Freispruch zustand, gab ein *excuse* nur die Grundlage dafür, dass der König eine Begnadigung aussprechen konnte. Inzwischen führen in allen *common law* Ländern beide Verteidigungsformen zum vollständigen Entfallen des Strafbarkeitsvorwurfs. Somit hat im modernen amerikanischen Strafrecht die Unterscheidung zwischen beiden Arten von *defenses* erheblich an Bedeutung verloren[81]. Es ist im Verfahren daher ausreichend, dass das Gericht vom Vorliegen einer der Arten überzeugt ist.

(5) Nonexculpatory Defenses

Diese letzte Gruppe der *defenses* kommen zur Anwendung, wenn Tatsachen vorliegen, die zu einem Ausschluss der Strafbarkeit führen, ohne den Schuldvorwurf oder die Verantwortung entfallen zu lassen. Hierbei geht es weniger um einen Verdienst oder eine Entschuldigung des Täters, sondern vielmehr um den Verzicht des Staates auf den Strafanspruch. Sie weisen somit eine gewisse Ähnlichkeit zu persönlichen Strafaufhebungsgründen im deutschen Strafrecht auf. Wichtigstes Beispiel dieser Kategorie von *defenses* ist die Verjährung, die sog. *statute of limitations*. Hierbei sieht der amerikanische Staat die Verfolgung der Straftat als nicht erforderlich an, weil seit der Tatbegehung ein größerer Zeitraum verstrichen ist. Dies hat den Zweck den Täter davor zu schützen sich gegen einen Vorwurf zu verteidigen, der bereits solange vergangen ist, dass Nachweise nur schwer erbracht werden können.

---

81 *LaFave*, Criminal Law, S. 448.

(6) Zusammenfassung

Gemeinsam ist allen *defense*-Arten, dass sie für den Täter die Freiheit von der Strafe bedeuten. Auffallend ist, dass das amerikanische Strafrecht in diesem Bereich deutlich weniger strenge Strukturen hat, als es aus dem deutschen Rechtssystem bekannt ist. Dies lässt sich unschwer aus dem Charakter des amerikanischen Rechts als Richterrecht oder *Case Law* erklären. Letztlich ist es für den Angeklagten unerheblich aus welchen Gründen der Richter freispricht. Für ihn ist nur entscheidend, dass er nicht bestraft wird. Somit geben diese *defenses* dem Richter auch nur Richtwerte mit. Am Ende steht es in seinem Ermessen, bzw. in dem der Jury, zu entscheiden, ob der Angeklagte strafwürdig ist. Dies sollte jedoch bei Vorliegen eines *defenses* in aller Regel verneint werden.

cc) Besondere Merkmale der Affirmative Defenses

Einfache *defenses* gehören also, wie oben gesehen, zum Deliktstatbestand, mit der Folge, dass der Staat ihr Nichtvorhandensein positiv nachweisen muss. Entscheidend ist dabei die Tatsache, dass, in Bezug auf den Tatbestand, die Verteidigung keinerlei Beweise zu erbringen verpflichtet ist. Vielmehr kann sich der Vortrag der Verteidigung gegenüber den Geschworenen, aufgrund der Unschuldsvermutung, auf den Hinweis beschränken, die Anklage habe nicht hinreichend sicher bewiesen, dass der Angeklagte die Tat begangen hat. Sieht die Jury dies ebenfalls so, muss sie den Angeklagten freisprechen, ohne dass er jemals Beweismaterial hervorgebracht haben muss. Dies ist freilich ein sehr theoretischer Fall. In der Realität wird jeder Beschuldigte versuchen möglichst viele für ihn sprechende Beweise vor Gericht zu präsentieren. Allerdings ist dies eben nicht erforderlich. Mit anderen Worten, die Beweislast liegt zunächst beim Staat.

Anders verhält es sich bei den *affirmative defenses*. Bei dieser Kategorie der Verteidigungsmöglichkeiten ist der Angeklagte, der sie behauptet, verpflichtet ihr Vorliegen glaubhaft zu machen[82]. Während bei den einfachen *defenses*, der sog. *burden of proof*, also die Beweislast vollständig beim Staat liegt und der Angeklagte sie nur behaupten muss, ergibt sich bei den *affirmative defenses* eine zumindest teilweise Beweislastumkehr. In wieweit die Beweislast auf den

---

82 *D. Beneman*, Understanding Affirmative Defenses, http://www.fd.org/pdf_lib/Beneman_Affirmative_Defenses_materials.pdf.

Angeklagten übergeht hängt von der einzelnen Norm ab, in der der jeweilige *affirmative defense* geregelt ist[83].

Eine weitere Besonderheit der *affirmative defenses* gegenüber den einfachen *defenses* stellt die Tatsache dar, dass *affirmative defenses* in der Regel auf eine bestimmte Materie zugeschnitten sind und entsprechend immer im betreffenden Gesetz speziell geregelt sind, während die einfachen *defenses* allgemein sind und für die unterschiedlichsten Tatbestände und Lebenssachverhalte bedeutsam sind[84]. So verhält es sich auch mit den für FCPA-Verstöße relevanten *affirmative defenses*.

dd) Affirmative Defenses des FCPA

Der FCPA unterscheidet im Rahmen der Bestechungsvorschriften zwischen zwei Kategorien möglicher *affirmative defenses*. Zum einen kann sich der Täter darauf berufen, dass die Zahlung in dem betreffenden Drittstaat, in dem sie stattgefunden hat nach dem dort geltenden Recht erlaubt war. Darüber hinaus sieht das Gesetz den Hinweis auf einen Ausgleich von angemessenen und in gutgläubiger Weise entstandenen Aufwendungen des ausländischen Beamten durch den Täter als Verteidigungsmöglichkeit vor.

(1) Rechtmäßigkeit im ausländischen Recht

Zuwendungen, die nach dem Recht des betroffenen Staates erlaubt sind, können auch ohne Verstoß gegen den FCPA vollzogen werden. Erforderlich ist allerdings, dass die Leistung tatsächlich nach dem geschriebenen und geltenden Recht des betreffenden Landes erlaubt ist. Das bloße Ausnutzen einer Regelungslücke hingegen ist nicht ausreichend[85]. Unter den üblicherweise

---

83 Nach der Glaubhaftmachung durch den Angeklagten wird in aller Regel dennoch die Staatsanwaltschaft das Nichteingreifen des hervorgebrachten *defenses* beweisen müssen, sodass keine vollständige Beweislastumkehr gegeben ist. Anders verhält es sich mit den sog. *super affirmative defenses*, die durch ein Übergewicht an Beweismitteln darzulegen sind. Auf diese *defenses* wird an dieser Stelle nicht näher eingegangen, da sie für das Verständnis des FCPA nicht von Belang sind. Siehe hierzu *M. Dubber*, S. 141 Fn. 11 und S. 81.

84 *D. Beneman*, Understanding Affirmative Defenses, http://www.fd.org/pdf_lib/Beneman_Affirmative_Defenses_materials.pdf.

85 Unklar ist die Behandlung von gewohnheitsrechtlich erlaubten Zahlungen. Häufig werden

zulässigen Zahlungen nach ausländischem Recht können beispielsweise die Erstattung von üblichen Reise- und Übernachtungskosten im Rahmen von Vertragsverhandlungen fallen. Mit dieser Regelung möchte der FCPA vor allem amerikanische Unternehmen vor Wettbewerbsnachteilen schützen, die daraus entstehen, dass in den USA verbotene Praktiken in anderen Teilen der Welt erlaubt sind und vielfach im Rahmen von Vertragsverhandlungen erwartet oder gar gefordert werden. Wäre ein amerikanisches Unternehmen dennoch gezwungen sich in Bezug auf Amtsträger des fremden Landes an die amerikanischen Gesetze zu halten, entstünden ihm erhebliche Wettbewerbsnachteile daraus, dass er seine Leistung auf dem ausländischen Markt nicht zu rentablen Konditionen anbieten könnte. Um solche Situationen zu vermeiden, und nicht etwa aus Respekt vor dem ausländischen Recht und seiner Souveränität[86], werden solche Verhaltensweisen im Rahmen der *affirmative defenses* aus der Strafbarkeit nach dem FCPA herausgefiltert.

Für deutsche Unternehmen von Interesse ist die Frage, ob auch das deutsche Recht solche Regelungen kennt, die in einem Prozess nach dem FCPA als *affirmative defense* eingebracht werden könnten. In diesem Zusammenhang wird § 331 Abs. 3 StGB in der Literatur erwähnt[87]. Danach ist eine Tat nach Abs. 1 gerechtfertigt, wenn sie allgemein oder für den konkreten Einzelfall von der Behörde im Rahmen ihrer Befugnisse genehmigt worden ist. Absatz 1 des § 331 StGB stellt die Vorteils*annahme* unter Strafe, die jedoch nach dem FCPA ohnehin nicht strafbar ist, sodass es bei der Nutzung als *affirmative defense* nur auf die Wirkungen für den Zahlenden ankommen kann. Dabei stellt sich die Frage, ob eine Norm die eine tatbestandlich untersagte Vorteilsannahme für den Beamten rechtfertigt, ohne weiteres so verstanden werden kann, dass dadurch die Zahlung insgesamt als erlaubt anzusehen ist und auf diese Weise aus Sicht des FCPA auch für den Zahlenden zulässig wäre. Dies erscheint bereits deshalb zweifelhaft, weil es sich um einen Rechtfertigungsgrund zugunsten des Amtsträgers handelt. Grundsätzlich sollen Vorteilsannahmen verboten sein. Nur ausnahmsweise soll eine Bestrafung des Beamten unterbleiben, wenn eine vorherige Zustimmung oder zumindest die unverzüglich beantragte nachträgliche Genehmigung der zuständigen Behörde vorliegt. Die Ratio dieser Norm liegt jedoch darin begründet, dass das Gesetz eine widersprüchliche Behandlung des Normadressaten zu verhindern versucht.

---

solche Zahlungen jedoch von den oben besprochenen *routine governmental actions* umfasst sein, sodass es auf eine Anwendung des *affirmative defenses* nicht ankommen wird.

86 so wörtlich *C. Partsch*, FCPA, S. 14.
87 *C. Partsch*, FCPA, S. 15.

Der Beamte soll sich auf die Genehmigungen der Behörde verlassen dürfen. Diese Ratio trifft dagegen nicht auf den Anbieter der Leistung zu. Dieser hat keine Möglichkeit, in die internen Genehmigungsprozesse der Behörde Einblick zu gewinnen. Ebenso besteht bei ihm nicht die Gefahr widersprüchlicher Normbefehle, da er weder von der behördlichen Entscheidung noch von § 331 Abs. 1 StGB Adressat ist. Hinzu kommt, dass der Rechtfertigungsgrund nicht anwendbar sein soll, wenn der Beamte die Leistung gefordert hat, oder sie sich auf eine pflichtwidrige Handlung bezieht. Daraus ist ebenfalls ersichtlich, dass die Norm auf den Beamten und das durch diesen begangene Unrecht zugeschnitten ist und gerade keine Relevanz für den Zahlenden besitzen kann.

Vor diesem Hintergrund ist nicht verständlich warum der § 331 Abs. 3 StGB als möglicher *affirmative defense* in Betracht gezogen wird und der inhaltsgleiche § 333 Abs. 3 StGB, der explizit auf die Vorteilsgewährung zugeschnitten ist, keine Erwähnung findet. Diese Vorschrift stellt eine ausdrückliche Erlaubnis dar, solche Zahlungen an Beamte zu tätigen, die von einer entsprechenden Genehmigung der zuständigen Behörde gedeckt sind. Dabei ist dennoch Vorsicht geboten: Die Tathandlung kann gleichwohl als Bestechung im Sinne des § 334 Abs. 1 StGB eingestuft werden, da auf diese Norm der Ausnahmetatbestand des § 333 Abs. 3 StGB nicht anwendbar ist. Somit bleibt unklar, welche Auswirkungen eine solche behördliche Genehmigung auf eine bestehende Strafbarkeit nach dem FCPA hätte. Sicherlich ist es vorteilhaft eine solche Genehmigung vorweisen zu können, sollte es zu einer Untersuchung durch die SEC kommen. Es sollte jedoch in keinem Falle auf die Übertragbarkeit dieser Norm vertraut werden. Ohnehin werden jedoch die Fälle einer solchen Genehmigung eher eine Seltenheit bleiben.

Allgemeingültige Verhaltensregeln können freilich zu den *affirmative defense* der in dem betreffenden Land erlaubten Tätigkeit im Rahmen dieser Arbeit nicht aufgestellt werden. Die Verteidigungsmöglichkeit hängt immer vom Recht des jeweiligen Landes ab, in dem der Beamte tätig ist. Es ist daher zu raten sich über die landeseigene Bestechungsvorschriften bereits vor Eintritt in Vertragsverhandlungen mit Behörden anderer Länder im Rahmen der üblichen Compliance Maßnahmen gründlich, auch im Hinblick auf das eventuelle Vorhandensein solcher Erlaubnissätze zu informieren und gegebenenfalls auch Rechtsbeistand aus dem jeweiligen Land selbst zu Rate zu ziehen.

(2) Aufwendungsersatz

Als weiterer *affirmative defense* wird im Gesetz der Ausgleich von angemessenen und in gutgläubiger Weise entstandenen Aufwendungen genannt. Hierunter sind vor allem Reise- und Unterkunftskosten des Beamten zu verstehen. Erlaubt ist dabei nur die Zahlung solcher Kosten, die im Zusammenhang mit der Vorführung oder Erläuterung von Produkten oder Dienstleistungen oder der Durchführung eines bestehenden Vertrages entstanden sind. Zudem dürfen sie nicht als Entschädigungsleistung für den Abschluss eines Vertrages oder die Vergabe eines Auftrags o.ä. anzusehen sein.

Eine besondere Rolle in diesem Zusammenhang spielt die Frage der Angemessenheit der Aufwendung. An der Angemessenheit müsste z.B. dann gezweifelt werden, wenn nicht alleine der verantwortliche Amtsträger eingeflogen, sondern auch die Reisekosten seiner gesamten Familie übernommen werden[88]. Klare Kriterien für die Angemessenheit einer Aufwendung gibt das Gesetz leider nicht her. Hier wird man auf eine Beurteilung unter Zuhilfenahme des gesunden Menschenverstandes zurückgreifen und sich im Zweifel für eine konservative Einschätzung entscheiden müssen, um eine mögliche Haftung auszuschließen.

Fest steht jedoch, dass es keine schlechthin angemessene oder schlechthin unangemessene Leistungsgewährung gibt. Die Angemessenheit muss in jedem Einzelfall neu festgestellt werden und hängt dabei von etlichen Faktoren ab. Eine Rolle kann dabei beispielsweise die Art des zu vergebenden Auftrags spielen. Eventuell stehen im Zusammenhang mit größeren Bauvorhaben höhere Erwartungen an die Übernahme solcher Reisekosten, als dies im Rahmen von IT-Dienstleistungen der Fall ist. Zunächst muss also in jedem Fall die Notwendigkeit der übernommenen Leistung für die Durchführung der Verhandlungen untersucht werden. Für die Ausführung einiger Aufträge ist schließlich eine Besichtigung vor Ort unerlässlich, während andere ohne weiteres vollständig ohne eine solche abgewickelt werden können. Ebenfalls im Rahmen der Angemessenheit zu berücksichtigen ist die Größe des erstrebten Auftrages und das Verhältnis der übernommenen Leistung hierzu.

Zudem wird die Angemessenheit der Leistung von den Sitten des jeweiligen Landes beeinflusst, in dem der betreffende Beamte tätig ist. An diesem Punkt

---

88 US v. Metcalf & Eddy, Inc., 99 Civ. 12 566 NG (D. Mass. 1999).

ist jedoch Vorsicht geboten. Zwar muss die Landesüblichkeit der übernommenen Leistung in die gesamte Angemessenheitsprüfung mit einfließen. Dies ist bereits deshalb klar, weil anderenfalls nicht hinzunehmende Wettbewerbsnachteile gegenüber der inländischen Konkurrenz entstehen würden. Allerdings können solche eigentümlichen Bewertungen des Auftraggeberlandes nicht alleine maßgeblich sein. Der FCPA möchte eine umfassende Strafbarkeit für die Bestechung ausländischer Beamter begründen, gerade um die großzügige Handhabung solcher Sachverhalte, die in einigen Ländern mehr als üblich ist, zu unterbinden. Darin zeigt sich auch die Schwierigkeit des Begriffs der Angemessenheit. Er ist in hohem Maße unbestimmt. Dabei fällt es sehr schwer ihm im Rahmen der Auslegung scharfe Konturen zu verleihen und damit für den Gesetzesanwender eine verlässliche Rechtssicherheit herzustellen. Übrig bleibt auch an dieser Stelle leider nur der Rat, sich nicht auf die Berufung auf ein *affirmative defense* zu verlassen, sondern sich vielmehr im Vorfeld eine eher konservative Handhabung bei der Übernahme solcher Leistungen anzueignen.

ee) Zusammenfassung der Affirmative Defenses

Die vom Gesetz aufgezeigten *affirmative defenses* können für die betroffenen Unternehmen von großer Bedeutung sein, wenn einmal die SEC oder der DOJ auf Unregelmäßigkeiten aufmerksam geworden ist. Sicherlich ist es optimal, erst gar nicht durch missverständliche Verhaltensweisen die Aufmerksamkeit der amerikanischen Behörden auf sich zu ziehen. Bestehen jedoch bereits Verdachtsmomente sind die *affirmative defenses* eine Möglichkeit unter vielen, den Vorwurf der Bestechung zu beseitigen, weshalb ein Bewusstsein für die Existenz dieser besonderen Verteidigungsmöglichkeiten unbedingt bestehen sollte.

c) DOJ Überprüfungsverfahren

Neben den *affirmative defenses* besteht auch die Möglichkeit des DOJ Überprüfungsverfahrens, um eine strafrechtliche Haftung zu vermeiden. Aufgrund der bestehenden großen Unsicherheit über die Rechtmäßigkeit verschiedener Handlungen bietet das DOJ ein Einschätzungsverfahren (sog. »*opinion procedure*«) an, im Rahmen dessen Unternehmen im Wege einer Anfrage an das DOJ binnen 30 Tagen erfahren können, ob eine geplante Handlung gegen die Bestechungsvorschriften des FCPA verstößt[89]. Die Einschätzung des DOJ im Rahmen dieses Verfahrens entfaltet Präjudizwirkung[90], allerdings nur in Form einer *widerlegbaren* Vermutung. Die endgültige Bewertung des Sachverhalts bleibt dennoch dem für ein später zustande kommendes Verfahren zuständige Gericht vorbehalten, das sich jedoch, soweit alle Sachverhaltsangaben dem DOJ vorlagen und wahrheitsgemäß wiedergegeben wurden, an die Beurteilung des *Attorney General* in aller Regel festhalten wird.

Entscheidend für die ordnungsgemäße Durchführung eines solchen Überprüfungsverfahrens ist zunächst die Richtigkeit der Angaben des Antragstellers. Der Antrag muss alle relevanten Informationen über das fragliche Verhalten und die damit einhergehenden Umstände beinhalten[91]. Darüber hinaus muss sich die Anfrage auf einen tatsächlichen Vorgang beziehen. Sie darf also nicht rein hypothetisch sein. Des Weiteren setzt der DOJ voraus, dass sich die Anfrage auf ein zukünftiges Verhalten oder einen zukünftigen Vorgang bezieht. Anderenfalls entfällt die Vermutungswirkung der Entscheidung. In einem späteren Gerichtsverfahren wirkt diese Vermutung nur dann, wenn der tatsächliche Sachverhalt mit dem in der Anfrage geschilderten Sachverhalt übereinstimmt. Hinzu kommt, dass die Vermutungswirkung nur für die antragstellende Person gilt. Dritte können hieraus keinen Schutz ableiten.

Trotz der Möglichkeit, durch dieses Verfahren Klarheit in die unübersichtlichen Vorschriften des FCPA zu bringen, wird es nur in seltenen Fällen in Anspruch genommen. Wenn solche Anfragen an das DOJ gestellt werden, dann meist in Verbindung mit kleinen Geschenken oder Zahlungen, die ohnehin eher unauffällig sind[92]. Die Hemmungen der Unternehmen an diesem Verfahren teilzunehmen lässt sich durch ihre Angst erklären, ihre Vertraulichkeit einzubüßen und durch die Anfrage weitere Untersuchungen durch den DOJ heraufzubeschwören. In der Tat kann eine solche Anfrage als Nebenwirkung die Erregung der Aufmerksamkeit der amerikanischen Behörden mit sich ziehen. Es bleibt daher abzuwarten, ob in Zukunft eine größere Anzahl an Unternehmen dennoch von dieser Möglichkeit Gebrauch machen werden.

---

89 *Code of Federal Regulations, Title 28* »Judicial Information« (28 CFR Part 80).
90 Schulte/Görts, RIW 2006, 561 (564).
91 28 C.F.R. 50.18 (Attorney General Order No. 878–80)
92 www.usdoj.gov/criminal/fraud/fcpa (22. November, 2001).

III. Buchführungstatbestand

Neben der dem *Foreign Corrupt Practices Act* seinen Namen gebenden Bestechungstatbestand statuiert das Gesetz umfangreiche Buchführungspflichten. Zwar verlangt dieser Tatbestand die gewissenhafte Führung der Geschäftsbücher insgesamt. Dennoch hat er seinen Ursprung und *ratio legis* in der Idee, dass sich durch eine saubere Buchführung korrupte Handlungen verhindern oder doch zumindest frühzeitig erkennen und unterbinden lassen. Zudem erhält der Tatbestand eigenständige Bedeutung in den Fällen, in denen der Empfänger von Schmiergeldzahlungen nicht unter den Amtsträgerbegriff des Bestechungstatbestandes fällt[93].

Adressat der Buchführungspflicht ist jedes an einer amerikanischen Börse notiertes Unternehmen, und zwar unabhängig von deren Sitz, und jedes amerikanische Unternehmen deren Anteile nicht öffentlich gehandelt werden. Im Unterschied zu dem Bestechungstatbestand erfordert der Buchführungstatbestand keinerlei Bezug zum Ausland. Auch eine rein inländisch tätige Gesellschaft, die an der amerikanischen Börse Wertpapiere emittiert, muss sämtliche Buchführungspflichten des FCPA einhalten. Dies lässt sich ebenfalls anhand der *ratio legis* erklären. Soll durch eine ordnungsgemäße Buchführung erst verhindert werden, dass Verstöße gegen die Bestechungsvorschriften entstehen, müssen sie auf alle potenziellen Täter einer Bestechung anwendbar sein.

1. Pflichten

Mittels der Buchführungspflichten lässt sich eine große Weite von Handlungen als strafbar einordnen. Allerdings beschränkt sich der Tatbestand in Bezug auf seinen Adressatenkreis auf in den USA börsennotierte Unternehmen. Zurzeit sind 19 deutsche Unternehmen an amerikanischen Börsen notiert und unterliegen somit diesen Buchführungspflichten[94]. Diese teilen sich zwischen Notierungen an der New York Stock Exchange (NYSE) und der National Association of Securities Dealers Automated Quotations (Nasdaq) auf. Unter diesen Unternehmen finden sich u.a. E.ON, Infineon, die Deut-

---

93 *Schulte/Görts*, RIW 2006, 561 (565).
94 *Bannenberg* in: Wabnitz/Janovsky, 2007, Rn. 142.

sche Telekom und die zwei Konzerne gegen die der SEC bereits ermittelt hat, DaimlerChrysler und Siemens[95].

Durch diese Regelungen werden die betroffenen Unternehmen verpflichtet (1) Bücher, Unterlagen und Konten derart zu führen, dass sie seine Geschäftsvorgänge in ausreichender Ausführlichkeit wahrheits- und detailgetreu widerspiegeln und (2) ein internes Kontrollsystem für die Buchführung zu konzipieren und zu implementieren. Dieses interne System soll sicherstellen, dass (i) Geschäftsvorgänge im Einklang mit der Ermächtigung der Unternehmensleitung durchgeführt werden, (ii) sie so verbucht werden, dass die Erstellung der Bilanz nach den Grundsätzen ordnungsgemäßer Buchführung vorbereitet und der Verbleib von Vermögenswerten nachvollzogen werden kann, (iii) Zugriffe auf Vermögenswerte nur im Einklang mit der Ermächtigung der Unternehmensleitung erlaubt sind und (iv) verbuchte Vermögenswerte in regelmäßigen Abständen mit den tatsächlichen Vermögenswerten verglichen und bei Abweichungen erforderliche Korrekturen vorgenommen werden[96]. Darüber hinaus werden Wahrheitspflichten für Unternehmensleiter gegenüber den Buchprüfern statuiert.

Zwar sind in den Buchführungstatbestand keine Karenzgrenzen eingebaut. Eine perfekte Buchhaltung wird jedoch ebenfalls nicht verlangt. Entscheidend ist vielmehr, dass sich das Unternehmen im Rahmen seiner Buchführung an die »*generally accepted accounting principles*« (GAAP) hält. Damit werden geringfügige Fehler, die offensichtlich unabsichtlich erfolgt sind, bei der Beurteilung durch die Behörden unberücksichtigt gelassen. Die Gesetzesinterpretation der SEC besagt sogar, dass die Einrichtung von Schmiergeldfonds alleine noch nicht tatbestandsmäßig ist, sondern dass erst eine Gesamtbetrachtung der Buchhaltung des Unternehmens klarstellen kann, ob ein Verstoß gegen den FCPA vorliegt[97].

Auf der subjektiven Seite unterscheidet sich der Tatbestand für die strafrechtliche von dem für die zivilrechtliche Haftung. Für zivilrechtliche Verfahren des SEC gegen Unternehmen wird im Gesetz »*willful behavior*« verlangt[98]. In der amerikanischen Rechtsprechung wird ein zumindest fahrlässiges Vor-

---

95 *Bannenberg* in: Wabnitz / Janovsky, 2007, Fn. 270.
96 Vgl. 15 U.S.C. §78m(b)
97 SEC Statement of Policy, 17 C.F.R. Part 241.
98 15 U.S.C. §78m.

gehen verlangt, wobei der 2nd Circuit Court davon ausgeht, dass eine bloß leichte Fahrlässigkeit nicht ausreichend sei[99].

Unerheblich ist, ob die unvollständige Buchführung in einem nachweislichen Zusammenhang zu korrupten Zwecken steht oder aus sonstigen Gründen entstanden ist[100]. Dennoch wird die unsaubere Buchführung oftmals mit solchen oder sonstig rechtswidrigen Zwecken zusammenhängen. Die Buchführung kann unter anderem deshalb manipuliert sein, weil bestimmte Sachverhalte dadurch verdeckt werden sollen. Hierunter finden sich z.b. Schmuggel, »Kickbacks«, Steuerhinterziehungen oder Bestechungszahlungen. Aus diesem Grund misst der FCPA der Buchführung eine erhebliche Bedeutung zu. Sie ist quasi die Tür zum verborgenen Bereich illegaler Machenschaften innerhalb eines Unternehmens.

Im Rahmen der von dem DOJ verfolgten strafrechtlichen Verstößen gegen den FCPA sind auf subjektiver Seite höhere Anforderungen zu stellen. Das Gesetz verlangt im Rahmen des Buchführungstatbestandes eine vorsätzliche Umgehung oder Unterlassung[101]. Somit reicht eine Billigung der Unrichtigkeit im Sinne eines *dolus eventualis* jedenfalls aus. Allerdings ist das bewusste sich vor der Unzulässigkeit verschließen konsequent von der Rechtsprechung ebenfalls als ausreichenden Vorsatz zulasten der betroffenen Unternehmen ausgelegt worden[102]. Somit offenbart sich, dass die amerikanische Rechtsprechung das, was das deutsche Recht als bewusste Fahrlässigkeit klassifiziert, für eine Vorsatztat ausreichen lässt. Immerhin wird in solchen Fällen verlangt, dass Anzahl, Umfang und Häufigkeit der Verstöße ein gewisses Maß erreichen und sich nicht in der bloßen Nichtbeachtung der GAAP erschöpfen[103]. Somit ergibt sich zumindest für die strafrechtliche Bewertung der Buchführungsvorgänge eine Art Minimaklausel, deren Überschreitung Voraussetzung für eine Strafbarkeit ist. Allerdings muss auch an dieser Stelle davor gewarnt werden, sich auf diese vagen Grenzen zu verlassen. Angestrebt sollte von jedem Unternehmen eine absolut saubere Buchführung sein.

---

99 SEC v. McNulty, 137 F 3d 732 (2nd Cir. 1998); anders interpretiert durch *Schulte/Görts*, RIW 2006, 561 (565).

100 SEC v. World-Wide Coin Investments, 567 F. Supp. 751.

101 15 U.S.C. §78m(b) (4) & (5).

102 United States v. King, No. 03-1112, 2003 WL 22 938 694; *Schulte/Görts*, RIW 2006, 561 (565).

103 PR Diamonds, Inc. V. Chandler, et. al., 364 F. 3d 671, 684-687; *Schulte/Görts*, RIW 2006, 561 (565).

Über die Buchführungspflichten hinaus verlangt der FCPA auch, dass Unternehmen hinreichende interne Kontrollmechanismen einrichten, um Korruption innerhalb des Unternehmens frühzeitig aufzudecken, oder bestenfalls erst gar nicht aufkommen zu lassen. Da diese Pflichten sehr stark durch die Einführung des *Sarbanes-Oxley Acts* verändert und verschärft wurden, sollen in diesem Zusammenhang an späterer Stelle die einzelnen Pflichten dargestellt und Wege vorgeschlagen werden, diesen im Unternehmen nachzukommen.

2. SOA

Vor allem im Bereich der persönlichen Haftung von Vorstandsmitgliedern hat der im Jahre 2002 verabschiedete *Sarbanes-Oxley Act* (SOA) die Bestimmungen des FCPA, insbesondere im Hinblick auf die Buchführungs- und Compliancepflichten, deutlich verschärft. Der SOA enthält im Wesentlichen zwei Regelungskomplexe. Der eine betrifft die Pflicht des »*Chief-Executive Officer*« (CEO) und des »*Chief-Financial Officer*« (CFO) eine Zertifizierung des Geschäftsabschlusses vorzunehmen. Des Weiteren statuiert der SOA eine Verpflichtung des Unternehmens zur Erstellung und Einreichung eines durch den Abschlussprüfer testierten Berichts über alle internen Kontrollmaßnahmen zur Bekämpfung von Bestechungsvorgängen.

a) Zertifizierungspflicht

Sections 302 und 906 des SOA verlangen, dass, zusammen mit der Vorlage des Geschäftsabschlusses eines in den USA börsennotierten Unternehmens, CEO und CFO die Versicherung an die SEC einreichen, dass der Inhalt des Abschlusses vollständig und richtig ist. Dabei stellt sich zunächst die Frage danach, welche Personen in einem deutschen Unternehmen die Rollen des CEO und CFO innehaben. Entsprechend dem Gesetzestext wird einhellig davon ausgegangen, dass dem CEO, der Vorstandsvorsitzender und dem CFO der Finanzvorstand gleichgestellt sind. Dies entspricht auch der Absicht des Gesetzgebers, eine persönliche Haftung herzustellen, wenngleich das deutsche Aktienrecht die Aufgaben des CEO dem gesamten Vorstand zuteilt[104].

Die normierte Zertifizierungspflicht gliedert sich in eine zivilrechtliche Ver-

---

104 *Walisch*, S. 42.

sicherung und eine strafrechtliche Versicherung. Die zivilrechtliche Versicherungspflicht nach Section 302 begründet eine Schadensersatzhaftung im Falle der Unrichtigkeit der Erklärungen. Der Inhalt der strafbewährten Versicherungspflicht lässt sich wiederum in zwei Teile untergliedern. Zum einen wird versichert, dass der Bericht die Vorgaben nach Section 13 und Section 15 des Securities Exchange Act (SEA) einhält. Viel wesentlicher ist jedoch die Versicherung, dass der Bericht nach Kenntnis des Unterzeichnenden die Finanzlage des Unternehmens in allen wesentlichen Aspekten zutreffend wiedergibt[105]. Besondere Brisanz erhält auch die zivilrechtliche Versicherung im Rahmen der Strafvorschrift, da sie Teil der Vorgaben nach Section 13 und Section 15 darstellt und somit mittelbar einer Strafandrohung unterliegt.

b) Ethik Kodex und Compliance

Über die Zertifizierungspflichten hinaus fordert der SOA, dass Unternehmen ein Compliance System einrichten, um Verstöße gegen den SEA und den SOA zu verhindern, bzw. schnellstmöglich aufzudecken. Insbesondere müssen Angaben zum Vorhandensein eines Ethik-Kodexes für »*Senior Financial Officers*« gemacht werden. Fehlt ein solcher Kodex, hat dies zwar keine strafrechtlichen Folgen. Es besteht jedoch für das Ansehen eines Unternehmens ein erhebliches Risiko, wenn es öffentlich zugeben muss sich an solche Bestimmungen nicht zu halten[106]. Darüber hinaus erregt es die Aufmerksamkeit der Behörden, die sich veranlasst sehen könnten weitere Untersuchungen im Unternehmen durchzuführen. Daher ist es ratsam die Richtlinien für den Ethik-Kodex, die durch den SOA bestimmt werden unternehmensintern auch umzusetzen. Da das Thema Korruptionsprävention und Compliance aber im gesamten Geltungsbereich des FCPA und darüber hinaus relevant ist, wird an späterer Stelle eine ausführlichere Darstellung der anzustrebenden Maßnahmen und deren Durchführung erfolgen.

c) Strafdrohungen

Neben den Sanktionen, die durch den FCPA selbst unmittelbar aufgestellt werden, enthalten SEA und SOA eigenständige Sanktionsnormen, die teil-

---

105 *Walisch*, S. 46.
106 *Walisch*, S. 47.

weise neben den Sanktionen aus anderen Normen zum Tragen kommen können. Durch den SEA wird jede vorsätzliche Verletzung der Vorgaben des SEA durch eine natürliche Person mit Freiheitsstrafe bis zu 20 Jahren oder mit Geldstrafe bis zu fünf Millionen US Dollar bestraft. Bei Unternehmen drohen Strafen bis zu 25 Millionen US Dollar je Verletzung. Bedenkt man, dass jeder einzelne eingetragene Posten eines Geschäftsabschlusses potenziell eine eigene Verletzung darstellt, können sich die Strafen ohne weiteres auf nahezu unermessliche Summen belaufen.

Verschärfungen gegenüber den SEA Strafen kommen durch den SOA hinzu. Nach der Generalklausel des Section 3(b)(1) des SOA gelten alle Verstöße gegen den Sarbanes-Oxley Act zugleich als Verstoß gegen den SEA, sodass sie auch den Strafvorschriften des SEA und deren Strafdrohungen unterliegen. Hinzu kommen die SOA eigenen Strafdrohungen. Der SOA enthält eine abgestufte Strafandrohung, die nach der Vorsatzart differenziert. Bei *dolus directus* 2. Grades (»knowingly«, also wissentlich) drohen Freiheitsstrafen von bis zu zehn Jahren und Geldstrafen von bis zu einer Million US Dollar. Beim Vorliegen von *dolus directus* 1. Grades (»wilfullly«, also absichtlich) liegen die Strafen bei bis zu 20 Jahren Freiheitsstrafe und bis zu fünf Millionen US Dollar Geldstrafe. Bei solch beträchtlichen Strafsummen besteht ein gesteigertes Interesse für Unternehmen mit einem Tätigkeitsfeld innerhalb des US-amerikanischen Hoheitsgebietes sich mit den Risiken dieser Normen auseinander zu setzen. Im Weiteren sollen deshalb Vorschläge angeboten werden, um das Strafbarkeitsrisiko in Bezug auf die Vorschriften des SEA und SOA zu minimieren.

3. Tochtergesellschaften

Anerkannt ist, dass ausländische Tochtergesellschaften, welche ihre Geschäftstätigkeit eigenverantwortlich betreiben und dabei nicht bloße Erfüllungsgehilfen des Mutterkonzerns sind, nicht unter den FCPA fallen. Allerdings muss dabei beachtet werden, dass Umgehungsstrategien dahingehend, dass möglichst viele Tochtergesellschaften eingerichtet werden, um die Schmiergeldzahlungen zu ermöglichen, als Verstoß des Mutterkonzerns gegen den FCPA geahndet werden, wobei sämtliche Handlungen der Tochtergesellschaft in einem solchen Fall dem Mutterkonzern zugerechnet werden. Der richtige Umgang mit solchen Tochtergesellschaften, die weitestgehend selbstständig sind, kann deshalb in Bezug auf bestechungsrelevante Sachverhalte, für die Mutter schwierig und riskant sein. Eine Flucht in die Hände vieler Tochtergesellschaften ist in keinem Fall ratsam. Vielmehr sollten sinnvollerweise in der

Tochtergesellschaft die gleichen Maßnahmen zur Verhinderung illegaler Vorgänge getroffen werden, wie dies auch im Mutterkonzern stattfindet. Eine einheitliche *policy* wird von den Behörden als Indiz für eine Bemühung um Gesetzestreue Geschäftspraktiken aufgefasst und kann somit auch nachträglich hilfreich sein, wenn bereits Untersuchungen eingeleitet wurden. Auch im Bereich der Tochtergesellschaften gilt es daher bereits im Vorfeld ausreichende Maßnahmen zu ergreifen, sodass Verdachtsmomente erst gar nicht entstehen. Da die Töchter etwas weiter von der Leitung des Konzerns entfernt sind, ist eine regelmäßige Kontrolle und Überprüfung der Maßnahmen unterlässlich.

IV. Sanktionen

Der FCPA sieht eine Reihe an Sanktionen gegen natürliche Personen und gegen Unternehmen als Ganzes vor. Teilweise werden diese Sanktionen durch Vorschriften anderer Gesetze ergänzt. Hierzu zählen auch die oben bereits erwähnten Normen des SEA und des SOA. Neben der Kenntnis der astronomischen Höhe drohender Strafen ist auch ein Bewusstsein für die sich vom deutschen Rechtssystem unterscheidende Rolle von Unternehmen im Rahmen des Strafrechts von Bedeutung.

1. Unternehmensstrafbarkeit

Eine wesentliche Differenz zwischen dem deutschen und dem amerikanischen Strafrecht, das gerade im Rahmen der FCPA Verfahren sichtbar wird, ist die unterschiedliche Behandlung von Unternehmen in Bezug auf die Verantwortlichkeit für Kriminalverhalten. Während das deutsche Strafrecht davon ausgeht, dass nur natürliche Personen die für eine Kriminalstrafe erforderliche Schuldfähigkeit aufweisen[107], trifft das amerikanische Strafrecht, und auch das vieler anderer Länder, diese Unterscheidung nicht. Vielmehr können juristische Personen[108] sowohl strafrechtlich als auch zivilrechtlich für ihr Fehlverhalten zur Verantwortung gezogen werden[109]. Das amerikanische Strafrecht geht bei der Haftung von Unternehmen nach dem Prinzip der

---

107 Dr. *Klaus Leipold*, Strafbarkeit von Unternehmen, NJW 2008- Spezial, S. 216 (216).

108 Grundsätzlich gilt dies jedoch nur für rechtsfähige Personenvereinigungen. Nichtrechtsfähige Personenmehrheiten sind nur dann strafbar, wenn dies spezialgesetzlich vorgesehen ist; *New York Central and Hudson River Railroad v. United States (212 US 481, 4).*

109 Dr. *Gerd Eidam*, Unternehmen und Strafe, 3. Aufl., Köln 2008, Rn. 1015.

Akzessorietät vor. Das Unternehmen haftet somit für das durch seine Mitarbeiter begangene Unrecht. Allerdings weitet sich im Rechtgebiet der Vereinigten Staaten die Haftung von Personenverbänden aus, sodass eine Tendenz zu einem originären Unternehmensstrafrecht mittlerweile erkennen lässt[110]. Selbstverständlich ist die strafrechtliche Haftung des Unternehmens an gewisse Voraussetzungen gebunden, zu denen auch die Betriebsbezogenheit der ausgeführten Tätigkeit gehört[111].

Immer wieder wird diskutiert, ob auch in Deutschland eine Kriminalstrafe gegen Personenverbände möglich gemacht werden sollte. Entgegengehalten wird solchen Bestrebungen immer wieder, die Tatsache, dass das Schuldstrafrecht erfordert, einen Schuldigen ausfindig zu machen, der die Sanktionen seiner Tat zu tragen hat. Allerdings geht das Strafrechtsverständnis davon aus, dass nur natürliche Personen schuldhaft handeln können. Eine Zurechnung der Schuld ist nicht möglich[112]. Aus diesem Grunde operiert das deutsche Recht bisher mit dem Instrument der Ordnungswidrigkeit, um auch Unternehmen für Fehlverhalten zur Verantwortung zu ziehen. Dabei spielt § 30 OWiG, welches die Geldbuße gegen juristische Personen und Personenvereinigungen regelt, die entscheidende Rolle. § 30 OWiG regelt die Voraussetzungen unter denen ein Unternehmen für die rechtswidrige Tat eines Angestellten bebußt werden kann. Die Voraussetzungen ähneln denen für die Strafbarkeit eines Unternehmens nach amerikanischem Recht. Voraussetzung ist, dass eine für die juristischen Personen vertretungsbefugte natürliche Person im Rahmen einer der Vereinigung obliegenden oder ihr zugute kommenden Handlung eine Straftat oder Ordnungswidrigkeit begangen hat. Liegen diese Voraussetzungen vor, so kann die juristische Person mit einer Geldbuße von bis zu 1 000 000 € für vorsätzliches Handeln des Angestellten belegt werden[113]. Angesichts der Höhe der Bußgelder sind Zweifel an der Sinnhaftigkeit

---

110 *Claudio Kirch-Heim*, Sanktionen gegen Unternehmen, Berlin 2007, S. 133.

111 *Claudio Kirch-Heim*, Sanktionen gegen Unternehmen, Berlin 2007, S. 134, mit weiteren Nachweisen.

112 *Dr. Klaus Leipold*, Strafbarkeit von Unternehmen, NJW 2008- Spezial, S. 216 (216).

113 § 30 OWiG lautet:

(1) Hat jemand
1. als vertretungsberechtigtes Organ einer juristischen Person oder als Mitglied eines solchen Organs,
2. als Vorstand eines nicht rechtsfähigen Vereins oder als Mitglied eines solchen Vorstandes,
3. als vertretungsberechtigter Gesellschafter einer rechtsfähigen Personengesellschaft,
4. als Generalbevollmächtigter oder in leitender Stellung als Prokurist oder Handlungsbe-

der Beibehaltung dieser strikten Trennung im deutschen Recht in Bezug auf Personenvereinigungen verständlich[114]. Die Unterscheidung ist jedoch für ein Unternehmen eher theoretischer Natur. Insofern sollte zwar ein Bewusstsein für die unterschiedliche Behandlung von Verbänden in den USA herrschen. Ihre Bedeutung sollte jedoch nicht überbewertet werden, denn auch in Deutschland können Unternehmen aufgrund von Fehlverhalten ihrer Mitarbeiter existenzvernichtende Sanktionen drohen.

vollmächtigter einer juristischen Person oder einer in Nummer 2 oder 3 genannten Personenvereinigung oder
5. als sonstige Person, die für die Leitung des Betriebs oder Unternehmens einer juristischen Person oder einer in Nummer 2 oder 3 genannten Personenvereinigung verantwortlich handelt, wozu auch die Überwachung der Geschäftsführung oder die sonstige Ausübung von Kontrollbefugnissen in leitender Stellung gehört,

eine Straftat oder Ordnungswidrigkeit begangen, durch die Pflichten, welche die juristische Person oder die Personenvereinigung treffen, verletzt worden sind oder die juristische Person oder die Personenvereinigung bereichert worden ist oder werden sollte, so kann gegen diese eine Geldbuße festgesetzt werden.

(2) Die Geldbuße beträgt
1. im Falle einer vorsätzlichen Straftat bis zu einer Million Euro,
2. im Falle einer fahrlässigen Straftat bis zu fünfhunderttausend Euro.

Im Falle einer Ordnungswidrigkeit bestimmt sich das Höchstmaß der Geldbuße nach dem für die Ordnungswidrigkeit angedrohten Höchstmaß der Geldbuße. Satz 2 gilt auch im Falle einer Tat, die gleichzeitig Straftat und Ordnungswidrigkeit ist, wenn das für die Ordnungswidrigkeit angedrohte Höchstmaß der Geldbuße das Höchstmaß nach Satz 1 übersteigt.

(3) § 17 Abs. 4 und § 18 gelten entsprechend.

(4) Wird wegen der Straftat oder Ordnungswidrigkeit ein Straf- oder Bußgeldverfahren nicht eingeleitet oder wird es eingestellt oder wird von Strafe abgesehen, so kann die Geldbuße selbständig festgesetzt werden. Durch Gesetz kann bestimmt werden, daß die Geldbuße auch in weiteren Fällen selbständig festgesetzt werden kann. Die selbständige Festsetzung einer Geldbuße gegen die juristische Person oder Personenvereinigung ist jedoch ausgeschlossen, wenn die Straftat oder Ordnungswidrigkeit aus rechtlichen Gründen nicht verfolgt werden kann; § 33 Abs. 1 Satz 2 bleibt unberührt.

(5) Die Festsetzung einer Geldbuße gegen die juristische Person oder Personenvereinigung schließt es aus, gegen sie wegen derselben Tat den Verfall nach den §§ 73 oder 73a des Strafgesetzbuches oder nach § 29a anzuordnen.

114 Eine ausführliche Darstellung der Diskussion um die Einführung der Verbandsstrafbarkeit in Deutschland würde den Rahmen dieser Arbeit sprengen. Es kann jedoch zu dieser Frage auf *Claudio Kirch-Heim*, Sanktionen gegen Unternehmen, Berlin 2007 verwiesen werden.

2. Die Einzelnen Sanktionen

Die Sanktionen für Verstöße gegen den FCPA unterscheiden sich zwischen den Sanktionen für Verletzungen des Bestechungstatbestandes und diejenigen für Verletzungen des Buchführungstatbestandes. Des Weiteren gibt es für beide Pflichtengruppen zivilrechtliche und strafrechtliche Sanktionen. Es können das Unternehmen selbst, aber auch einzelne Mitarbeiter bestraft werden. In allen Bereichen ist die Einlassung auf Vergleiche mit beträchtlichen Vergleichszahlungen angesichts der drohenden, oftmals auch existenzgefährdenden Strafsummen üblich.

In Bezug auf den Bestechungstatbestand können gegen Unternehmen Geldstrafen von bis zu $ 2 000 000 für jede Verletzung verhängt werden. Da eine korrupte Zahlung in der Regel kein Einzelfall sein wird, können hier bereits beachtliche Strafsummen entstehen. Hinzu kommt die strafrechtliche Haftung der hinter den Unternehmen stehenden natürlichen Personen. Hierzu zählen Geschäftsführer, Angestellte, Aktionäre und sonstige Repräsentanten des Unternehmens, wobei ihre Staatsangehörigkeit für die Strafbarkeit nach dem FCPA unerheblich ist. Diesen Personen drohen pro Verletzungshandlung Geldstrafen in Höhe von bis zu $ 100 000 sowie Freiheitsstrafen von bis zu fünf Jahren, wobei beide Strafarten kumulativ verhängt werden dürfen[115].

Darüber hinaus existieren zivilrechtliche Ansprüche gegen das Unternehmen. Je Verstoß gegen den Bestechungstatbestand erwartet das Unternehmen eine zivilrechtliche Haftung im Umfang von bis zu $ 10 000. Gleiches gilt für sämtliche der oben genannten natürlichen Personen. Auch diese haften zivilrechtlich im Umfang von maximal $ 10 000 pro Verletzung.

Erstaunlicher Weise sind die Sanktionen im Rahmen des Buchführungstatbestandes noch strenger. Bei natürlichen Personen ist für Verstöße gegen die Buchführungspflichten eine Geldstrafe von bis zu $ 5 000 000 und eine Freiheitsstrafe von bis zu 20 Jahren vorgesehen. Angesichts der weitreichenden Pflichten des Vorstandes zur Abgabe von Versicherungen hinsichtlich der Richtigkeit ihrer Berichte nach dem FCPA ist dieser Strafrahmen hochgradig erschreckend und besorgniserregend. Bei Vorliegen eines körperschaftlichen Verstoßes liegt der Strafrahmen sogar bei einer Geldstrafe von bis zu $ 25 000 000 pro Verletzung.

---

[115] 15 U.S.C. §§ 78dd-2(g)(1),(2).

Bei sämtlichen Verstößen gegen den FCPA ist die Strafbarkeit der beteiligten natürlichen Personen vollständig unabhängig von der Feststellung eines Verstoßes durch das gesamte Unternehmen. Darüber hinaus regelt der FCPA das Verbot der Zahlung von gegen natürliche Personen verhängten Geldstrafen durch die vor ihnen stehenden Unternehmen[116]. Dass dies für die Betroffenen katastrophale, teils wirtschaftlich vernichtende Folgen haben kann versteht sich von selbst.

Diese vom FCPA unmittelbar vorgesehenen Strafen können durch die Bestimmungen des *Alternative Fines Acts* ergänzt werden, sodass weitaus höhere Strafen angesetzt werden können. Der *Alternative Fines Act* ist anwendbar in Fällen in denen eine Person durch eine Straftat einen vermögenswerten Vorteil erlangt hat. In solchen Fällen soll der Vorteil dem Täter genommen werden, sodass ihm die Früchte seiner Tat nicht verbleiben[117]. Der hiernach erzielbare Höchstbetrag einer strafrechtlichen Haftung eines Unternehmens für Verstöße gegen die Vorschriften des FCPA beträgt das doppelte des Bruttobetrages, der durch die erfolgte strafbare Handlung zusätzlich erwirtschaftet oder eingespart wurde, oder der bei einer dritten Person als Schaden aufgetreten ist. Natürlichen Personen droht eine Strafe von bis zu $ 250 000 pro Verstoß[118]. Diese Strafen stellen jedoch einen Höchstrahmen dar, sodass die vom FCPA vorgesehenen Strafen nicht kumulativ hierzu gerechnet werden können[119].

Zu den Geldstrafen und zivilrechtlichen Ansprüchen kommen noch weitere Folgen, die sich aus einem Verstoß gegen den FCPA ergeben können. Zum einen bedeutet bereits die Anklage eines Unternehmens wegen eines solchen Verstoßes den Ausschluss von der Vergabe öffentlicher Aufträge oder jeglicher vertraglicher Beziehung mit dem Fiskus[120]. In vielen Industrien bedeutet diese Tatsache alleine bereits das wirtschaftliche Absterben eines Unternehmens. Darüber hinaus können Handelslizenzen oder die Erlaubnis am

---

116 15 U.S.C. §§ 78dd-2(g)(3).

117 Vergleichbar mit dem Verfall und der Gewinnabschöpfung im deutschen Strafrecht. Vergleiche hierzu *Annett Faust*, Das strafprozessuale Vermögensabschöpfungsrecht : die Sicherstellung von Vermögenswerten zugunsten des Verfalls, des Wertersatzverfalls und der Verletzten, Baden-Baden, 2008.

118 18 U.S.C. §§ 3571(d)(1994).

119 *Schulte/Görts*, RIW 2006, 561 (566).

120 *Schulte/Görts*, RIW 2006, 561 (566).

Aktienhandel teilzunehmen verweigert werden[121]. Damit ist ersichtlich, dass Verstöße gegen den FCPA in allen Hinsichten, gerade unter Berücksichtigung des mit dem bekannt werden eines solchen Verstoßes verbundenen Reputationsverlustes, die Existenz eines Unternehmens derart bedrohen können, dass ein weiteres Funktionieren am Markt nahezu unmöglich wird.

V. Verjährung

Für den Gesetzesanwender ist überdies auch die Frage nach der Verjährung von Taten nach dem FCPA eine entscheidende. Leider herrscht auch in dieser Frage Unklarheit, sodass der DOJ in diesem Zusammenhang ebenfalls zu einer möglichst weitgehenden Auslegung der vorhandenen Gesetzesmaterialien tendiert. Der FCPA selbst enthält keine speziellen Verjährungsfristen. Aus diesem Grund greifen grundsätzlich die allgemeinen Verjährungsfristen, wie sich aus 18 U.S.C. § 3282 (a) ergeben. Hiernach verjähren Straftaten, welche keine Kapitalverbrechen[122] darstellen in fünf Jahren[123]. Dabei ist entscheidend, dass binnen dieser Frist die Anklage erhoben, oder doch zumindest die Ermittlungen abgeschlossen werden[124]. Diese Fünfjahresfrist beginnt mit Abschluss der Tat zu laufen.

Um diese fünfjährige Frist möglichst weit auszudehnen, erhebt der DOJ meist neben der Anklage wegen eines Verstoßes gegen den FCPA auch eine Anklage wegen *Conspiracy*, also dem verschwörerischen Verdecken des FCPA Verstoßes. Diese Tat unterliegt zwar ebenfalls der fünfjährigen Verjährungsfrist. Allerdings muss in diesem Zusammenhang nur nachgewiesen werden, dass irgendeine Handlung zur Förderung der Verdeckung einer FCPA widrigen Verhaltensweise binnen der vergangenen fünf Jahre geschehen ist[125]. Dies führt im Ergebnis dazu, dass jede weitere Verdeckungshandlung die Frist von neuem Beginnen lässt. *De facto* ist der DOJ somit nicht an die fünfjährige

---

121 *Schulte/Görts*, RIW 2006, 561 (566).
122 »*Capital offenses*« sind solche, die mit der Todesstrafe sanktioniert sind. Gem. 18 U.S.C. § 3281 verjähren Kapitalverbrechen nicht. Die Rspr. hält dies auch in Bundesstaaten für anwendbar, in denen die jeweilige Tat früher mit der Todesstrafe bestraft wurde, sie heute jedoch abgeschafft ist (*United States v. Helmich*, 521 F. Supp. 1246 (M.D.Fla. 1981)).
123 Einige weitere Ausnahmen werden im U.S.C. selbst speziell geregelt. Beispielsweise besteht bei einigen Terrorismus-Verbrechen eine achtjährige Verjährungsfrist, 18 U.S.C. § 3286.
124 18 U.S.C. § 3282 (a).
125 United States v. Milstein, 401 F. 3d 53, 71 (2d Cir. 2005).

Verjährungsfrist gebunden, solange er nachweisen kann, dass der Betroffene in Bezug auf die ursprüngliche Verletzung weitere Handlung innerhalb der letzten fünf Jahre begangen hat. Dies führt zu einer erheblichen Ausdehnung des Strafverfolgungszeitraums für Taten aus dem FCPA.

Darüber hinaus besteht für den DOJ auch die Möglichkeit einer sog. *Tolling Agreement*, um die Verjährungsfristen zu verlängern oder gar auszuschließen. Dies ist ein Vertrag in dem eine Partei auf die Geltendmachung der Einrede der Verjährung verzichtet[126]. Solche Vereinbarungen sind im amerikanischen Rechtssystem auch im Rahmen einer Strafermittlung möglich. Häufig wird eine solche Vereinbarung zur Grundlage einer Kooperation zwischen Ermittlungsbehörden und Unternehmen gemacht, sodass sich die Unternehmen vielfach gezwungen sehen eine solche Vereinbarung abzuschließen, um sich nicht die Vorteile der Kooperation mit den Ermittlungsbehörden zu verspielen. Überdies kann die Verjährungsfrist auch durch diverse Anträge und Anfragen des DOJ an fremde Staaten gehemmt sein. Somit zeigt sich, dass die auf Papier existierende fünfjährige Verjährungsfrist im Einzelfall kaum in der Lage sein wird Rechtssicherheit zu gewähren, da sie nahezu beliebig ausgedehnt werden kann.

VI. Darstellung des internationalen Antikorruptionsrechts

Auch auf internationaler Ebene besteht ein starkes Bedürfnis, Regelungen zur Vereinheitlichung der Behandlung von Korruption zu finden. Länder, wie die USA, die bereits ein umfangreiches Regelungssystem zur Bekämpfung von Bestechungen im internationalen Geschäftsverkehr implementiert haben, haben ein gesteigertes Interesse daran, dass möglichst viele Länder nachziehen und ebenso strenge Regeln einführen. Anderenfalls besteht die Gefahr, dass Unternehmen aus Ländern mit weniger strengen Gesetzen im Wettbewerb einen entscheidenden Vorteil erlangen. Diese internationale Entwicklung des Antikorruptionsrechts wird stark durch länderübergreifende Abkommen bestimmt. Diese werden in den internationalen Organisationen beschlossen und dann von den unterzeichnenden Ländern in nationalstaatliches Recht umgesetzt.

---

126 http://definitions.uslegal.com/t/tolling-agreement/.

1. OECD Abkommen

Am einflussreichsten war in diesem Zusammenhang das Abkommen der OECD über die Bestechung ausländischer Amtsträger im internationalen Geschäftsverkehr aus dem Jahre 1997[127]. Das Abkommen verlangt von allen unterzeichnenden Staaten, dass sie Maßnahmen ergreifen um die Bestechung ausländischer Amtsträger zu kriminalisieren. Von dem Abkommen wurde jedoch die Möglichkeit nicht ausgeräumt, Bestechungszahlungen als zulässige Betriebsausgaben bzw. Werbungskosten von der Steuer abzusetzen[128]. Dies wird noch in vielen Ländern erlaubt. Vor allem die amerikanische Regierung begrüßte die Unterzeichnung des Abkommens als wesentlichen Schritt in der Angleichung des Antikorruptionsrechts anderer Industrieländer an die der Vereinigten Staaten. In weiten Teilen entspricht das FCPA in der heutigen Fassung den Ausgestaltungen des Abkommens. Dennoch gehen die USA in der Umsetzung weiter als die übrigen Vertragsstaaten, zu denen auch Deutschland gehört.

Die OECD ist eine internationale Organisation mit 30 Mitgliedern[129] und Sitz in Paris. Die Ziele der Organisation sind im Gründungsvertrag sehr breit beschrieben als:

- Einen Beitrag zur optimalen Wirtschaftsentwicklung und einem steigenden Lebensstandard in den Mitgliedsstaaten zu leisten,
- Förderung des Wirtschaftswachstums in den Mitgliedsstaaten und den Entwicklungsländern und
- Begünstigung einer Ausweitung des Welthandels.

Im Rahmen dieser Förderungsleistungen wurde das Abkommen beschlossen

---

127 OECD Übereinkommen über die Bekämpfung der Bestechung ausländischer Amtsträger im Internationalen Geschäftsverkehr vom 17. 12. 1997.

128 Vgl. hierzu jedoch die Empfehlung zur steuerlichen Absetzbarkeit von Bestechungszahlungen vom OECD-Rat, der die steuerliche Absetzbarkeit von Bestechungszahlungen an ausländische Amtsträger verbietet, *(adopted by the Council on 11 April 1996 at its 873rd session [C/M(96)8/PROV])*

129 Die 30 Mitgliedsländer sind: Australien, Belgien, Dänemark, Deutschland, Finnland, Frankreich, Griechenland, Irland, Island, Italien, Japan, Kanada, Korea, Luxemburg, Mexiko, Neuseeland, Niederlande, Norwegen, Österreich, Polen, Portugal, Schweden, Schweiz, Slowakische Republik, Spanien, Tschechische Republik, Türkei, Ungarn, Vereinigtes Königreich, Vereinigte Staaten von Amerika. http://www.oecd.org/document/39/0,3343, de_34 968 570_35 009 030_39 992 423_1_1_1_1,00.html (24. September 2008).

um eine größere Redlichkeit im internationalen geschäftlichen Verkehr zu gewährleisten und sicherzustellen, dass alle Vertragsstaaten in angemessenem Umfang gegen Bestechungshandlungen vorgehen. Das Abkommen enthält, wie auch der FCPA, sowohl Bestechungs- als auch Buchführungsvorschriften. Im Rahmen der Bestechungsvorschriften kriminalisiert das Abkommen nur die aktive Bestechung. Das Annehmen oder Verlangen einer Leistung, die sog. passive Bestechung, wird hingegen nicht erwähnt. Bei Abschluss des Abkommens wurde insoweit davon ausgegangen, dass Regelungen, welche ein solches Verhalten verwehren, in den Mitgliedsländern bereits existieren[130].

Das Abkommen verbietet alle Zahlungen, die in der Absicht getätigt werden, für das zahlende Unternehmen einen ihm nicht zustehenden Vorteil zu erlangen. Wie auch der FCPA, sieht das OECD Abkommen Ausnahmen für Zahlungen vor, die alleine dazu dienen ohnehin erlaubte Verhaltensweisen des Amtsträgers zu beschleunigen oder erleichtern. Des Weiteren verbietet das Abkommen die Bildung schwarzer Kassen oder sonstige Maßnahmen zur Verdeckung von Bestechungszahlungen an Amtsträger. Darüber hinaus erkennt das Abkommen an, dass das Recht einiger Länder, darunter Deutschland und Japan, eine Strafbarkeit juristischer Personen nicht vorsieht. In solchen Fällen sollen die Verpflichtungen aus dem Abkommen auch durch die Einrichtung einer zivilrechtlichen oder sonstigen Haftung erfüllt werden können. Diese sonstigen Sanktionen müssen jedoch abschreckend wirken und unter anderem auch wirtschaftliche Zwangsmaßnahmen enthalten. Zwar gibt das Abkommen detaillierte Rahmen vor. Dennoch verlässt es sich auf die Ausarbeitung durch die unterzeichnenden Staaten, welche den Umsetzungsgesetzen die Prägung ihrer individuellen Rechtsordnung verleihen sollen.

Der deutsche Gesetzgeber setzte eben diese Verpflichtung aus dem Abkommen durch das Gesetz zur Bekämpfung internationaler Bestechung[131] (IntBestG) im Jahre 1998 um. Wie das FCPA richtet sich auch das IntBestG

---

130 *Tarun*, FCPA, S. 15.

131 Gesetz zur Bekämpfung internationaler Bestechung (IntBestG) vom 10. September 1998 (BGBl. 1998 II S. 2327)

Artikel 1
Zustimmung zum Vertrag

Dem in Paris am 17. Dezember 1997 von der Bundesrepublik Deutschland unterzeichneten Übereinkommen über die Bekämpfung der Bestechung ausländischer Amtsträger im internationalen Geschäftsverkehr wird zugestimmt. Das Übereinkommen wird nachstehend mit einer amtlichen deutschen Übersetzung veröffentlicht.

Art 2
Durchführungsbestimmungen

§ 1 Gleichstellung von ausländischen mit inländischen Amtsträgern bei Bestechungshandlungen
Für die Anwendung des § 334 des Strafgesetzbuches, auch in Verbindung mit dessen §§ 335, 336, 338 Abs. 2, auf eine Bestechung, die sich auf eine künftige richterliche Handlung oder Diensthandlung bezieht und die begangen wird, um sich oder einem Dritten einen Auftrag oder einen unbilligen Vorteil im internationalen geschäftlichen Verkehr zu verschaffen oder zu sichern, stehen gleich:

1. einem Richter:
a) ein Richter eines ausländischen Staates,
b) ein Richter eines internationalen Gerichts;

2. einem sonstigen Amtsträger:
a) ein Amtsträger eines ausländischen Staates,
b) eine Person, die beauftragt ist, bei einer oder für eine Behörde eines ausländischen Staates, für ein öffentliches Unternehmen mit Sitz im Ausland oder sonst öffentliche Aufgaben für einen ausländischen Staat wahrzunehmen,
c) ein Amtsträger und ein sonstiger Bediensteter einer internationalen Organisation und eine mit der Wahrnehmung ihrer Aufgaben beauftragte Person;

3. einem Soldaten der Bundeswehr:
a) ein Soldat eines ausländischen Staates,
b) ein Soldat, der beauftragt ist, Aufgaben einer internationalen Organisation wahrzunehmen.

§ 2 Bestechung ausländischer Abgeordneter im Zusammenhang mit internationalem geschäftlichen Verkehr

(1) Wer in der Absicht, sich oder einem Dritten einen Auftrag oder einen unbilligen Vorteil im internationalen geschäftlichen Verkehr zu verschaffen oder zu sichern, einem Mitglied eines Gesetzgebungsorgans eines ausländischen Staates oder einem Mitglied einer parlamentarischen Versammlung einer internationalen Organisation einen Vorteil für dieses oder einen Dritten als Gegenleistung dafür anbietet, verspricht oder gewährt, daß es eine mit seinem Mandat oder seinen Aufgaben zusammenhängende Handlung oder Unterlassung künftig vornimmt, wird mit Freiheitsstrafe bis zu fünf Jahren oder mit Geldstrafe bestraft.

(2) Der Versuch ist strafbar.

§ 3 Auslandstaten
Das deutsche Strafrecht gilt, unabhängig vom Recht des Tatorts, für folgende Taten, die von einem Deutschen im Ausland begangen werden:

1. Bestechung ausländischer Amtsträger im Zusammenhang mit internationalem geschäftlichen Verkehr (§§ 334 bis 336 des Strafgesetzbuches in Verbindung mit § 1);

2. Bestechung ausländischer Abgeordneter im Zusammenhang mit internationalem geschäftlichen Verkehr (§ 2).

§ 4 Anwendung des § 261 des Strafgesetzbuches
In den Fällen des § 261 Abs. 1 Satz 2 Nr. 2 Buchstabe a des Strafgesetzbuches ist § 334 des Strafgesetzbuches auch in Verbindung mit § 1 anzuwenden.

Art 3
Inkrafttreten

nur gegen die aktive und zukunftsgerichtete Bestechung. Dies entspricht den Mindestvorgaben des Abkommens[132]. Des Weiteren bestimmt das IntBestG, dass ausländische Amtsträger den inländischen Amtsträgern im Rahmen des § 334 StGB gleich zu stellen sind. Somit besteht der Hauptinhalt des Gesetzes in der Erweiterung der Anwendbarkeit der Bestechungsvorschriften des StGB auf internationale Sachverhalte.

Kritikwürdig an dieser und an weiteren Umsetzungen des deutschen Gesetzgebers aus diesem Milieu von Delikten ist die Tatsache, dass durch das Festhalten an den Mindeststandards, die von den jeweiligen Abkommen vorausgesetzt werden, eine stark unterschiedliche Pönalisierung für die Bestechung inländischer und ausländischer Amtsträger vorgesehen ist[133]. Vor allem die Tatsache, dass im Rahmen der Umsetzung nur die aktive Bestechung ausländischer Amtsträger kriminalisiert wurde, führt zu Unstimmigkeiten mit den übrigen Bestechungsvorschriften des deutschen Rechts. Im Schrifttum wird deshalb eine einheitliche Regelung der Bestechungsdelikte für alle Amtsträger gefordert. Besonders unbefriedigend an der aktuellen Gesetzeslage ist die Möglichkeit, dass die Bestechung ein und desselben Bundestagsabgeordneten unterschiedlich bestraft wird, je nach dem, ob er zur Zeit der Bestechung im Bundestag oder im Europarat tätig ist[134]. Solche vom Zufall abhängigen Unterschiede sind bedenklich und für den Gesetzesanwender sicher nicht leicht nachvollziehbar.

2. OAS Abkommen

Die *Organisation of American States* (OAS) ist eine Vereinigung der Nord-, Mittel-, und Südamerikanischen Länder inklusive der Karibikstaaten[135] mit Sitz in Washington D.C. Ziel der Organisation ist die Förderung der Koope-

---

(1) Artikel 2 dieses Gesetzes tritt an dem Tage in Kraft, an dem das Übereinkommen für die Bundesrepublik Deutschland in Kraft tritt. Im übrigen tritt dieses Gesetz am Tage nach seiner Verkündung in Kraft.

(2) Der Tag, an dem das Übereinkommen nach seinem Artikel 15 für die Bundesrepublik Deutschland in Kraft tritt, ist im Bundesgesetzblatt bekanntzugeben.

132 *Speyer*, NJW 2006, 2735 (2735).

133 *Speyer*, NJW 2006, 2735 (2737).

134 *Schubert*, in: Wabnitz/Janovsky, 691 (719).

135 Zur Zeit sind die 35 Mitglieder die Länder: Antigua und Barbuda, Argentinien, die Bahamas, Barbados, Belize, Bolivien, Brasilien, Kanada, Chile, Kolumbien, Costa Rica, Kuba, Dominika,

ration zwischen den Mitgliedsstaaten in den Bereichen der Verteidigung und Stärkung der demokratischen Werteordnung und gemeinsamer Interessen und der Austausch über Angelegenheiten, welche die Region und die Welt betreffen[136]. Einmal jährlich treffen sich die Außenminister der Mitgliedsnationen im Rahmen des *General Assembly*, also der Generalversammlung, um, auf der Basis der Arbeit des *Permanent Council*, also des dauerhaften Rates, Einigungen zu wichtigen gemeinsamen Zielsetzungen zu erreichen und festzuhalten.

In diesem Rahmen wurde auch das OAS Abkommen zur Bekämpfung der Korruption beschlossen und unterzeichnet. Das Abkommen wurde am 6. März 1997 wirksam und war somit das erste internationale Abkommen, welches sich mit dem Thema der internationalen Korruption befasste. Die in dem Abkommen festgelegten Ziele sind:

1. Das Vorantreiben und Verstärken der Entwicklung erforderlicher Mechanismen um die Korruption zu verhindern, aufzudecken, zu bestrafen und auszulöschen in allen Mitgliedsstaaten und

2. Das Vorantreiben, Fördern und Regulieren der Kooperation zwischen den Staaten, um die Effektivität der Maßnahmen zur Verhinderung, Aufdeckung, Bestrafung und Auslöschung von Korruption im Zusammenhang mit der Vornahme öffentlicher Aufgaben zu gewährleisten[137].

Zur Umsetzung dieser Ziele haben die OAS Länder eine umfassende Vereinbarung über die von den einzelnen Staaten einzuleitenden Maßnahmen getroffen. Diese Vereinbarungen betreffen zum einen die Einführung weitreichender Kontrollsysteme für alle öffentlichen Ämter, um die Redlichkeit dieser zu gewährleisten. Dabei wird auch statuiert, dass solche Ämter eine ordentliche Buchführung aufrecht zu erhalten haben, aus der sämtliche Ein- und Ausgänge deutlich hervorgehen. Darüber hinaus verlangt das Abkommen die Begründung von Verhaltensvorgaben für Unternehmen im Zusammenhang mit der Erlangung öffentlicher Aufträge oder Dienste. Auch die Vergabe öffentlicher Aufträge soll nach dem Abkommen stärker kontrolliert und reguliert werden, um auch dort korrupte Vorgänge aufzudecken und bes-

---

Dominikanische Republik, Ecuador, El Salvador, Grenada, Guatemala, Guyana, Haiti, Honduras, Jamaika, Mexiko, Nicaragua, Panama, Paraguay, Peru, Saint Kitts und Nevis, St. Lucia, St. Vincent und die Grenadine, Surinam, Trinidad und Tobago, USA, Uruguay und Venezuela (wobei Kuba seit 1962 von der Teilnahme suspendiert ist).

136 http://www.oas.org/key_issues/eng/KeyIssue_Detail.asp?kis_sec=20 (24. September 2008).

137 http://www.oas.org/juridico/english/Treaties/b-58.html (24. September 2008).

tenfalls zu verhindern. Anders als das OECD Abkommen verbietet das Antikorruptionsabkommen der OAS ausdrücklich die steuerliche Begünstigung von korrupten Zahlungen. Es verlangt darüber hinaus, dass alle Mitgliedsstaaten jegliche Möglichkeiten zur Absetzung von Bestechungszahlungen aufheben. Vor allem in diesem Punkt liegt der erhebliche Unterschied zu den sonstigen Antikorruptionsabkommen.

3. CoE Abkommen

Auch der Europarat (*Council of Europe* oder CoE) hat ein Strafrechtsabkommen über Korruption beschlossen, an dem nicht nur Mitgliedsstaaten der Europäischen Gemeinschaften beteiligt waren. Vielmehr wurde in Anbetracht der Gründung der GRECO (*Group of States against Corruption*) im Jahre 1998, deren Ziel es war, die Fähigkeit ihrer Mitglieder zur Bekämpfung von Korruption zu verbessern[138], mit in das Abkommen einzubeziehen. Allerdings hat bislang von den 46 Mitgliedsstaaten[139] der GRECO lediglich die USA das CoE Abkommen unterzeichnet[140]. Deutschland hat, wie die USA, das CoE Abkommen zwar ratifiziert, jedoch bislang noch nicht in nationales Recht umgesetzt.

a) Inhalt des Abkommens

Bereits die Präambel des Abkommens bringt zum Ausdruck die hohe Prioritätsstellung, die von der Korruptionsbekämpfung in allen unterzeichnenden

---

138 Europarat-Strafrechtsübereinkommen über Korruption (SEV Nr. 173), Präambel

139 Gründermitglieder: Belgien, Bulgarien, Zypern, Estland, Finnland, Frankreich, Deutschland, Griechenland, Island, Irland, Litauen, Luxemburg, Rumänien, die Slowakei, Slowenien, Spanien, Schweden; Hinzugekommen: Albanien (27.04.2001), Andorra (28.01.2005), Armenien (20.01.2004), Österreich (01.12.2006), Aserbaidschan (01.06.2004), Bosnien and Herzegowina (25.02.2000), Kroatien (02.12.2000), Tschechische Republik (09.02.2002), Dänemark (03.08.2000), Georgien (16.09.1999), Ungarn (09.07.1999), Italien (30.06.2007), Lettland (27.07.2000), Malta (11.05.2001), Monaco (01.07.2007), Moldawien (28.06.2001), Montenegro (06.06.2006), Niederlande (18.12.2001), Norwegen (06.01.2001), Polen (20.05.1999), Portugal (01.01.2002), Russische Föderation (01.02.2007), Serbien (01.04.2003), Schweiz (01.07.2006), »die ehemalige Jugoslawische Republik Mazedonien« (07.10.2000), Türkei (01.01.2004), Ukraine (01.01.2006), Vereinigtes Königreich von Großbritannien und Nordirland (18.09.1999), Vereinigte Staaten von Amerika (20.09.2000).

140 Weitere außereuropäische Staaten, die das CoE unterzeichnet haben sind: Weißrussland, Kanada, Japan, Mexiko und der Heilige Stuhl (Vatikan?).

Staaten eingenommen wird. Sie beschreibt die Korruption als »Bedrohung der Rechtsstaatlichkeit, der Demokratie und der Menschenrechte, ... die Grundsätze verantwortungsbewussten staatlichen Handelns, der Billigkeit und der sozialen Gerechtigkeit untergräbt, den Wettbewerb verzerrt, die wirtschaftliche Entwicklung behindert und die Stabilität der demokratischen Institutionen und die sittlichen Grundlagen der Gesellschaft gefährdet«[141]. Die Einschätzung der Korruption als ein solch die Demokratie bedrohendes Phänomen erklärt auch die Ansicht, dass eine einheitliche strafrechtliche Regelung dieser Sachverhalte unerlässlich ist.

aa) Aktive und Passive Bestechung inländischer Amtsträger

Das Abkommen verlangt von den unterzeichnenden Staaten, dass sie Regelungen treffen, um nach ihrem innerstaatlichen Recht sowohl die aktive als auch die passive Bestechung inländischer Amtsträger mit *strafrechtlichen* Sanktionen gegen natürliche Personen zu belegen, sofern diese vorsätzlich handeln. Dabei soll jeder Vorteil, der gewährt wird als Gegenleistung für die Vornahme oder Unterlassung einer Handlung im Rahmen der Wahrnehmung amtlicher Pflichten, verboten sein. Es wird somit nicht zwischen ansonsten rechtmäßigen und rechtswidrigen Handlungen unterschieden. Dieser Gleichbehandlung wird im deutschen Recht durch die Existenz der §§ 331, 333 StGB Rechnung getragen, in denen Vorteilsgewährung bzw. -annahme auch für eine Dienstausübung, welche, im Gegensatz zu §§ 332, 334 StGB, nicht unter Verletzung von Dienstpflichten vollbracht werden muss.

bb) Aktive und Passive Bestechung im privaten Sektor

Das Abkommen verlangt auch, dass die unterzeichnenden Staaten die vorsätzliche aktive und passive Bestechung im geschäftlichen Verkehr als Straftat konzipieren. Dabei soll erforderlich sein, dass die betroffene Person einen Vorteil als Gegenleistung für eine Handlung entgegennimmt, die unter Verletzung ihrer Pflichten erfolgen soll. Hierin bleibt die Regelung des § 299 StGB wohl hinter derjenigen des CoE Abkommens zurück. § 299 StGB verlangt nämlich zusätzlich zur Bestechung insofern eine Auswirkung auf den

---

141 Europarat-Strafrechtsübereinkommen über Korruption (SEV Nr. 173), Präambel.

Wettbewerb, als dass die unlautere Bevorzugung beim Bezug von Waren oder gewerblichen Leistungen im Wettbewerb Voraussetzung ist.

cc) Aktive und Passive Bestechung internationaler Beamter

Den Bezug zum FCPA stellt das CoE Abkommen durch eine Bestimmung zur Bestechung von internationalen Beamten dar. Die Klausel verlangt von den unterzeichnenden Staaten, dass sie strafrechtliche Sanktionen entwickeln und in nationales Recht umsetzen, welche die Bestechung internationaler Beamter unter Strafe stellt, sofern diese Vertragspartei oder Organ der Vertragspartei eines geschäftlichen Vorgangs werden soll. Insofern geht der FCPA weiter als es dieses Abkommen verlangt, da auch solche Bestechungen untersagt sind, dessen Parteien in keinerlei vertraglicher Beziehung zueinander stehen.

dd) Zuwiderhandlungen gegen Buchführungsvorschriften

Auch beim Beschluss des CoE wurde erkannt, dass Bestechungen wesentlich leichter mittelbar über die inkorrekte Buchführung, die mit ihnen einhergeht, geahndet werden können. Deshalb wurde auch in diesem Abkommen eine Bestimmung aufgenommen, nach der die Verschleierung von Bestechungshandlungen verboten sein soll. Allerdings erlaubt das Abkommen in diesem Bereich auch die ausschließliche Festlegung außerstrafrechtlicher Sanktionen. Ausreichend wäre es also in diesem Bereich, auch Ordnungswidrigkeiten oder zivilrechtliche Sanktionen zu konzipieren.

ee) Geldwäsche

Als weitere interessante Maßnahme sieht das Abkommen vor, Regelungen zu treffen, um die »Wäsche« derjenigen Mitteln unter Strafe zu stellen, die aus den in den anderen Bestimmungen des Abkommens geregelten Sachverhalte stammen. Diese Anordnung wird durch den deutschen Geldwäschetatbestand des § 261 StGB teilweise erfüllt, insoweit, als die Bestechung und Bestechlichkeit im Amt als taugliche Vortaten genannt werden. Allerdings fehlt die Nennung des § 299 StGB, um auch die Bestechung im geschäftlichen Verkehr, welche Teil des Abkommens ist, ebenfalls als Vortat der Geldwäsche festzulegen.

ff) Zusammenfassung

Das CoE Abkommen von 1999 brachte im Vergleich zu dem OECD Abkommen keine wesentlichen Veränderungen in den Anforderungen an die Korruptionsbekämpfung mit sich. Allerdings bestätigte es die Priorität des Anliegens für die unterzeichnenden Staaten. Auch in Bezug auf dieses Abkommen weist die Deutsche Gesetzgebung eine bloß lückenhafte Umsetzung bzw. Entsprechung auf, während das FCPA bereits nahezu alle Maßgaben aus dem Abkommen erfüllt. Dies ist vor allem deshalb bemerkenswert, weil die USA nicht Mitglied des Europarats sind. Insofern betonen sie durch ihre Teilnahme an diesem Abkommen abermals ihre Entschlossenheit bezüglich der internationalen Durchsetzung ihrer Vorstellungen zur Korruptionsbekämpfung und der Wichtigkeit dieses Themas für die internationale Politik in der Gestalt, die sie durch die Amerikanische Einflussnahme erhält.

D. Rechtsvergleichende Darstellung des deutschen Antikorruptionsrechts mit dem FCPA

Wie bereits oben erwähnt wurde, hat auch der deutsche Gesetzgeber Maßnahmen ergriffen, um seiner Umsetzungspflicht aus dem OECD Abkommen nachzukommen. Ergebnis dieser gesetzgeberischen Tätigkeit ist das IntBestG. Da sowohl das IntBestG als auch der FCPA Ausfluss des Antikorruptionsabkommens sind, liegt es nahe, einen Blick auf die beiden Formen der Umsetzung zu werfen und dabei festzustellen, inwieweit sich diese beiden Gesetze als deckungsgleich erweisen und an welchen Punkten sie sich unterscheiden.

I. Allgemeines

Obgleich das IntBestG und der FCPA beide der Umsetzung des OECD Abkommens dienen, war die Grundlage dieser Umsetzung in Deutschland und den USA sehr unterschiedlich. Die USA, als Veranlasser des Abkommens, konnten auf die bereits bestehende Fassung des FCPA zurückgreifen und diejenigen Änderungen und Ergänzungen vornehmen, die sich aus den neuen Bestimmungen des Abkommens ergeben hatten. Da es die Zielsetzung der USA bei der Verhandlung des Abkommens gewesen war, eine internationale Angleichung der Bestechung ausländischer Amtsträger an die Regelungen des amerikanischen Rechts zu erreichen, hatten sie im Rahmen der Umsetzung einen klaren Vorteil. Aber auch Deutschland war um eine zügige Umsetzung bemüht und verabschiedete das IntBestG am 10. September 1998, weniger als ein Jahr nach Inkrafttreten des Abkommens. Entsprechend schlank ist jedoch das Gesetz auch ausgefallen. Als Nebengesetz zum StGB erschöpft sich das IntBestG vor allem in einem Verweis auf die Regelung der Bestechung inländischer Amtsträger im Rahmen der §§ 334 ff. StGB. Dieser Verweis ist umso verwunderlicher, blickt man auf das übereinstimmende Rechtsgut sowohl des FCPA als auch des IntBestG. Beide Gesetze schützen, den Vorgaben des Abkommens entsprechend, die Fairness des internationalen Wettbewerbs[142]. Dabei ist das anerkannte Rechtsgut der §§ 334 ff. StGB das Vertrauen in die Unkäuflichkeit von Trägern staatlicher Funktionen und somit die Sachlichkeit staatlicher Entscheidungen[143]. Darüber hinaus gleichen sich die Regelungen beider Länder darin, dass sie ihre Zuständigkeit auch auf Straftaten ausdehnen, die außerhalb ihres eigenen Landes begangen wurden.

II. Tatbestand

Obgleich die Grundlagen für den Tatbestand beider Gesetze durch das OECD Abkommen geschaffen wurden und somit die gleichen Voraussetzungen hatten, unterscheiden sich die daraus entstanden Tatbestände teilweise wesentlich.

1. Amtsträgerbegriff

Zu der Weite des Bestechungstatbestandes des FCPA führt vornehmlich der ausgedehnte Amtsträgerbegriff. Auch bei diesem Merkmal unterscheiden sich die Umsetzungen des deutschen und des amerikanischen Gesetzgebers voneinander. Vom FCPA Bestechungstatbestand umfasst sind alle ausländische Beamte und Staatsangestellte, aber auch angestellte Privatpersonen oder Unternehmen, die im Auftrag des Staates arbeiten, sowie politische Parteien und deren Funktionäre und Kandidaten. Zudem enthält der FCPA eine Auffangbestimmung, nach der auch solche Personen Amtsträger im Sinne des Gesetzes darstellen, bei denen davon auszugehen ist, dass sie an die sonst genannten Personen Leistungen herantragen, zum Zwecke einer unzulässigen Beeinflussung. Somit begründet der FCPA eine Verantwortlichkeit der handelnden Unternehmen für das Verhalten selbstständiger Vermittler und Vertreter. Im Rahmen der Umsetzung des OECD Abkommens wurde diese Liste um Personen, die für oder im Auftrag einer öffentlichen internationalen Organisation handeln ergänzt[144].

---

142 *Simone Nagel*, Entwicklung und Effektivität internationaler Maßnahmen zur Korruptionsbekämpfung, Baden-Baden 2007, S. 198.

143 *Kristian Kühl*, StGB, § 331 Rn. 1.

144 Eine ausführliche Erklärung des Inhalts des Begriffs des ausländischen Amtsträgers im Rahmen des FCPA findet sich oben im Abschnitt C. II. 1. b. aa.

Auch das IntBestG enthält einen sehr weiten Amtsträgerbegriff, der neben den ausländischen Beamten auch diejenigen Personen umfasst, die beauftragt sind, für ein öffentliches Unternehmen öffentliche Aufgaben wahrzunehmen, sowie ausländische Abgeordnete. Besonders hervorgehoben wird zudem die Stellung von Richtern als Amtsträger im Sinne des Gesetzes, unabhängig von ihrem Beamtenstatus im jeweiligen Land. Obgleich Richter im FCPA nicht ausdrücklich genannt werden, entspricht es der einhelligen Meinung, dass diese auch vom Amtsträgerbegriff des amerikanischen Gesetzes umfasst sind[145]. Das IntBestG nennt darüber hinaus auch ausländische Soldaten und Soldaten, die beauftragt sind Aufgaben einer internationalen Organisation wahrzunehmen.

2. Tathandlung

Das Antikorruptionsstrafrecht Deutschlands, und damit auch das IntBestG, zeichnet sich im Rahmen der Tathandlung insbesondere durch das Erfordernis einer Unrechtsvereinbarung aus[146]. Auch der FCPA erfordert eine solche Unrechtsvereinbarung. Dies kommt dadurch zum Ausdruck, dass Voraussetzung der Tathandlung die Hingabe eines Vorteils als Gegenleistung für ein Handeln der Behörde oder sonstigen öffentlichen Stelle ist. Insoweit unterscheiden sich die Tathandlungen beider Vorschriften nicht in erheblicher Weise.

Im Rahmen der Voraussetzungen des Verhaltens des Amtsträgers hingegen, ergeben sich signifikante Unterschiede zwischen dem amerikanischen und dem deutschen Tatbestand. Das IntBestG enthält in Bezug auf die Tathandlung einen Verweis auf §334 StGB. Deshalb sind nur solche Vorteile durch das Gesetz untersagt, welche den Amtsträger zu einer pflichtwidrigen Diensthandlung veranlassen sollen. An dieser Stelle ist der FCPA deutlich weiter. Dort reicht es für die Strafbarkeit aus, dass der Amtsträger in irgendeiner Weise im Rahmen seiner Entscheidungsfindung durch die Hingabe des Vorteils beeinflusst werden soll. Dass die von ihm veranlasste Handlung gegen Dienstpflichten verstößt wird nicht vorausgesetzt. Allerdings wird

---

145 OECD, USA: Phase 2, Report on the Application of the Convention on Combating Bribery of Foreign Public Officials in International Business Transactions and the 1997 Recommendation on Combating Bribery in International Business Transactions, S. 32 Rn. 107, abrufbar unter: http://www.oecd.org/dataoecd/16/50/2390377.pdf.

146 *Fischer*, §331 Rn. 21.

diese weitere Interpretation der Handlung des Amtsträgers im Rahmen des FCPA insofern relativiert, als der Vorgang zum Zwecke der Anbahnung oder Aufrechterhaltung von geschäftlichen Kontakten erfolgen muss[147], während der Zweck im Rahmen des IntBestG ohne Belang ist, sofern der Amtsträger pflichtwidrig handelt.

3. Subjektiver Tatbestand

In subjektiver Hinsicht ergeben sich zwischen den Tatbeständen des FCPA und des IntBestG keine wesentlichen Unterschiede. Insbesondere reicht es unter beiden Gesetzen aus, dass der Vorteil letztlich nicht dem Amtsträger sondern einer dritten Person zugute kommen soll. Diese Drittbereicherungsabsicht ist seit der Reform des deutschen Korruptionsrechts im Jahre 1997 ausdrücklich strafbar. Der FCPA erwähnt diesen Fall hingegen nicht explizit. Allerdings geht der amerikanische Gesetzgeber eindeutig von der Strafbarkeit eines solchen Sachverhaltes aus[148]. Gegenteilige Interpretationen durch die Rechtsprechung liegen bisher nicht vor, sodass sich auch im Rahmen des subjektiven Tatbestandes ein mit dem deutschen Gesetz einheitliches Bild ergibt.

III. Rechtfertigung

Bezüglich der Rechtfertigungsebene ergeben sich bei der Anwendung der beiden Gesetze wesentliche Unterschiede. Im Rahmen des IntBestG gelten nur die allgemeinen Rechtfertigungsregeln des Strafrechts, während der FCPA ein komplexes System von Ausnahmeregelungen vorsieht, unter denen Zahlungen an Amtsträger ausnahmsweise nicht zu einer Strafbarkeit führen[149]. Vor allem eine Regelung der, im Rahmen der §§ 331, 333 StGB zwar nicht ausdrücklich geregelten aber doch anerkannten Ausnahme der sozialadäquaten Leistungen fehlt im Rahmen des IntBestG völlig. Dies ergibt sich aus dem Verweis des IntBestG nur auf den § 334 StGB, bei dem eine solche Ausnahme nicht anerkannt ist.

---

147 15 U.S.C. §§ 78dd-1 (a) (1).
148 OECD, USA: Phase 2, Report on the Application of the Convention on Combating Bribery of Foreign Public Officials in International Business Transactions and the 1997 Recommendation on Combating Bribery in International Business Transactions, S. 32 Rn. 106.
149 Siehe hierzu Teil C. II. 3.

IV. Rechtsfolgen

Sowohl das IntBestG, als auch der FCPA sehen als Rechtsfolge einer Bestechung eines ausländischen Amtsträgers die Möglichkeit der Verhängung einer Freiheitsstrafe von bis zu fünf Jahren vor. Daher bestehen signifikante Unterschiede bei den Rechtsfolgen, vor allem im Bereich der Sanktionierung gegen Unternehmen. Wie bereits dargestellt, besteht im US-amerikanischen Recht die Möglichkeit der Strafbarkeit juristischer Personen. Von dieser Möglichkeit macht der FCPA ausgiebig gebrauch. Da das deutsche Recht nur gegen natürliche Personen Strafen im eigentlichen Sinne verhängen kann, können nach dem IntBestG Unternehmen lediglich im nach den Vorschriften des OWiG mit Sanktionen belegt werden.

V. Zusammenfassung

Aufgrund der relativ ausführlichen Vorgaben, die bereits durch das OECD-Übereinkommen den umsetzenden Staaten gestellt wurden, stimmen auch die daraus entstandenen Gesetze in weiten Teilen miteinander überein. Vor allem in Bezug auf die Begriffsbestimmung hinsichtlich Rechtsgut und Amtsträger ergeben sich zwischen beiden Umsetzungen keine wesentlichen Unterschiede. Anders zeigt sich der Vergleich jedoch im Hinblick auf die Rechtfertigungsmöglichkeiten. Während das amerikanische Gesetz einen weiten Katalog an speziell auf den Tatbestand zugeschnittenen Ausnahmebestimmungen bereithält, verweist das deutsche Gesetz lediglich auf die allgemein im Strafrecht geltenden Rechtfertigungsgründen. Weitere wesentliche Unterschiede erwachsen aus der unterschiedlichen Behandlung von juristischen Personen im Strafrechtssystem der beiden Länder allgemein. Darüber hinaus wird in der Literatur in Bezug auf beide Tatbestände Reformbedarf konstatiert[150]. Der amerikanische Gesetzgeber wird aufgefordert die Drittzueignungsabsicht ausdrücklich ins Gesetz aufzunehmen, während am Deutschen Gesetz das Fehlen einer Ausnahmeregelung für sozialadäquate Leistungen bemängelt wird. Dennoch zeigen sich beide Gesetze als Umsetzungen, die sehr stark an dem zugrunde liegenden Abkommen vorgenommen wurden und somit weitestgehend miteinander übereinstimmen. Vor allem in der Verfolgung der aus diesen Gesetzen entstehenden Straftaten zeigen sich die amerikanischen Behörden bislang als die stärker zu befürchtende Instanz.

---

150 *Simone Nagel*, Entwicklung und Effektivität internationaler Maßnahmen zur Korruptionsbekämpfung, Baden-Baden 2007, S.202.

E. Compliance Maßnahmen und interne Untersuchungen

Unter Berücksichtigung der vielschichtigen Regelungskomplexe des FCPA stellt sich umgehend die Frage nach der Möglichkeit, sich gegen Vorwürfe des SEC und DOJ abzusichern. Die Antwort auf diese Frage liegt in der Bereitstellung, Unterhaltung und ständiger Anpassung von Compliance und Ethik Systemen im Unternehmen. In der modernen Welt immer wiederkehrender Unternehmensskandale, sowohl in Deutschland als auch weltweit, liegt der Begriff Compliance auf einmal in aller Munde. Unter den Begriffen »Compliance-Programme«, »Risk Management«, »Value Management«, »Corporate Governance«, »Business Ethics«, »Integrity Codes«, »Codes of Conduct«, »Corporate Social Responsibility«[151] und weiteren Anglizismen wird all jenes beschrieben, was Unternehmen betreiben, um einer Haftung für unternehmensintern begangenes Unrecht auszuschließen. Kennzeichnend für diesen Bereich ist die Regulierung durch eine Kooperationsarbeit zwischen staatlichen Institutionen und privaten Zusammenschlüssen[152].

Glücklicherweise unterscheiden sich die zu ergreifenden Maßnahmen nur unerheblich zwischen Compliance mit dem deutschen Recht und Compliance im internationalen Geschäftsverkehr. Unternehmen können gem. §§ 30, 130 OwiG auch im Rahmen des deutschen Rechts bebußt werden, wenn gesetzeswidriges Verhalten aufgedeckt wird. Insoweit ist eine funktionierende Unternehmenscompliance ohnehin unabdingbar. Die Modifikationen, die erforderlich sind, um auch den Pflichten aus dem FCPA gerecht zu werden, sind nur sehr gering. Deshalb sollen zunächst die von dem amerikanischen Gesetzgeber vorgegebenen Bestimmungen und Richtlinien beschrieben und anschließend auf Vorschläge eingegangen werden, wie ein Unternehmen die-

---

151 *U. Sieber*, Compliance-Programme, S. 450 f.
152 *U. Sieber*, Compliance-Programme, S. 450.

se Anforderungen konkret im Rahmen eines Gesamtkonzeptes für die Compliance im Unternehmen umsetzen kann.

I. Pflicht zur Einrichtung eines Compliance Systems

Die Amerikanische Rechtsprechung hat bereits festgestellt, dass Aufsichtsratsmitglieder börsennotierter Unternehmen für die Nichterfüllung gesetzlich vorgeschriebener Standards haften, sofern sie es unterlassen haben, dafür Sorge zu tragen, dass das Unternehmen über ein ausreichendes Compliance-Informations- und Meldesystem verfügt[153]. Damit wurde die Pflicht eines jeden CEO und CFO begründet, an der Ausarbeitung und Implementierung eines solchen Systems zu arbeiten. Das aus dieser Arbeit entstandene Netzwerk soll rechtswidriges Verhalten der Unternehmensmitarbeiter aufdecken, aufklären und korrigieren. Daher muss das System ständig aktualisiert und angepasst werden. Es muss eine umfassende Methode entwickelt werden, um sämtliche Verstöße gegen einschlägige Rechts- und Unternehmensvorschriften zu ermitteln und zu beheben. Sinnvoll ist es, diese Maßnahmen in einem schriftlichen Verhaltenskodex für das gesamte Unternehmen präzise zu dokumentieren und auch die einzelnen Vorgänge und individuelle Maßnahmen schriftlich festzuhalten. Dies erleichtert im Falle einer Untersuchung die Beweisführung gegenüber der SEC.

II. USSG Richtlinien

Das *US Federal Sentencing Guidelines Manual*[154] (USSG) enthält Kriterien, anhand derer die Mindestvoraussetzungen festgestellt werden können, die an ein Compliance System zu stellen sind. Dabei verlangt das USSG, dass zum einen sorgfältig an der Verhinderung und Aufdeckung strafbaren Verhaltens im Unternehmen gearbeitet wird und dass weitere Maßnahmen ergriffen werden, um eine Organisationskultur zu fördern, welche ethisches Verhalten und ein engagiertes Verhältnis in Bezug auf die Einhaltung der gesetzlichen Bestimmungen unterstützt.

---

153 698 A. 2d 959 (Del. Ch. 1996).
154 U.S. Sentencing Guidelines Manual (2008), § 8.

1. Mindeststandards

In Bezug auf die Konzeption und Durchführung dieser Zielsetzungen regelt das USSG sieben Voraussetzungen, die als Mindeststandards gedacht sind, um eine effektive Compliance zu gewährleisten[155]:

a) Entwicklung von Standards um Straftaten aufzudecken

Unternehmen und deren Aufsichtspersonen werden angehalten, Standards und Verfahren zu entwickeln, um Straftaten im Unternehmen zu verhindern und aufzudecken. Zu diesem Punkt werden im USSG keine weiteren Präzisierungen genannt. Allerdings dienen die nachfolgenden Punkte inhaltlich als Erläuterung der einzelnen Verfahren bzw. Modalitäten, mittels derer die Zielsetzung aus diesem Punkt zu erreichen ist.

b) Aufsichtsprogramm

Die Geschäftsführung ist verpflichtet, sich über Inhalt und Ablauf des Compliance und Ethik Programms zu informieren. Darüber hinaus soll sie in angemessenem Umfang die Durchführung und Effektivität des Programms beaufsichtigen und begutachten. Sonstige hochrangige Angestellte des Unternehmens sollen mit dem Aufbau und der Durchführung der erforderlichen Compliance Maßnahmen betraut werden. Darüber hinaus sollen einzelne mit der Erledigung der täglichen Belange eines solchen Systems beauftragt werden und angewiesen werden, in regelmäßigen Abständen bei höherrangigen Angestellten und der Geschäftsführung über die Effektivität der implementierten Systeme Bericht zu erstatten. Diesen Personen sollen ausreichende Ressourcen bereit gestellt werden, um eine ungehinderte Erledigung ihrer Aufgaben und einen ungestörten Zugang zur Geschäftsleitung zu gewährleisten.

c) Ausschluss Vorbestrafter

Das Unternehmen ist verpflichtet solche Personen von vertrauensvollen Aufgaben auszuschließen, welche gegen die Gesetze verstoßen oder sich sonst

---

155 U.S. Sentencing Guidelines Manual (2008) § 8 B 2.1. (b).

auf eine Weise verhalten, die im Widerspruch zur Wahrnehmung von Compliance und Ethik Aufgaben steht. Diese Anforderung setzt voraus, dass das Unternehmen über Kenntnis von der unerlaubten Tätigkeit der betreffenden Person verfügte oder eine fahrlässige Unkenntnis hiervon aufwies.

d) Schulungsmaßnahmen

Das Unternehmen ist weiterhin verpflichtet Schulungs- und Informationsmaßnahmen zu ergreifen, um in regelmäßigen Abständen alle wesentlichen Mitarbeiter über die Standards und Compliance und Ethik Programme im Unternehmen zu informieren. Diese Informationspflicht ist an die Stellung des individuellen Mitarbeiters angepasst. Die Maßnahmen müssen mithin immer für die Tätigkeit des Einzelnen angemessen und dem Unternehmen zumutbar sein.

e) Durchsetzung und Bewertung

Von dem Unternehmen wird verlangt, dass es zumutbare Maßnahmen ergreift, um die Befolgung der Standards und die Durchsetzung des Compliance und Ethik Programms zu kontrollieren und gegebenenfalls stichprobenartig zu prüfen. Darüber hinaus soll das gesamte Compliance Programm des Unternehmens in regelmäßigen Abständen im Hinblick auf Effektivität evaluiert werden. Des Weiteren soll ein sog. *Whistle-Blowing*-System[156] eingeführt werden, wonach Strukturen geschaffen werden, die gewährleisten, dass Mitarbeiter sich anonym oder zumindest vertraulich über verdächtige Tätigkeiten beraten lassen können. Das Vorhandensein eines solches Systems soll ausreichend bekannt gegeben werden, um eine ungehinderte Nutzungsmöglichkeit aller Mitarbeiter zu gewährleisten.

f) Anreize und Disziplinarmaßnahmen

Es ist erforderlich, dass das Unternehmen angemessene Maßnahmen ergreift um eine konsequente Handhabung der Compliance und Ethik Maßnahmen unternehmensweit durchzusetzen. Dazu gehört auch die Entwicklung ange-

---

[156] http://www.transparency.de/Hinweisgeber.60.0.html.

messener Anreizsysteme für die Befolgung der Unternehmensstandards und der Kooperation bei der Aufdeckung unrechtmäßigen Verhaltens. Zudem ist die Implementierung geeigneter und passender Disziplinarmaßnahmen erforderlich, um Zuwiderhandlungen gegen die Unternehmensstandards, kriminelles Verhalten oder das Unterlassen von zumutbaren Handlungen, um solches Verhalten aufzudecken oder zu verhindern, zu ahnden, um eine Abschreckungswirkung und Vertrauen in die Geltung dieser Standards herzustellen.

g) Reaktion auf strafbares Verhalten

Sollten unrechtmäßige Verhaltensweisen aufgedeckt werden, so soll das Unternehmen angemessen darauf reagieren und Maßnahmen einleiten, um dieses Verhalten in Zukunft zu verhindern. Zu diesen Maßnahmen zählt auch die Modifizierung oder Umstrukturierung der bestehenden Compliance und Ethik Systeme und Unternehmensstandards.

2. Weitere Bestimmungen des USSG

Die Regelung der oben angeführten Mindeststandards ist im Rahmen des USSG sehr allgemein gehalten, die einzelnen Voraussetzungen sehr unbestimmt. Um die Erfüllung der Mindeststandards zu ermöglichen enthält das USSG im Anschluss an diese Regelungen eine Liste von Faktoren, die bei der Bewertung der durch ein Unternehmen ergriffenen Maßnahmen zu berücksichtigen sind[157]. An diesen Kriterien kann sich das Unternehmen bereits bei der Entwicklung und Realisierung geplanter Compliance Maßnahmen orientieren.

a) Maßgebliche Gesetzliche Regelungen und Branchenüblichkeit

Der wohl eindeutigste Indikator für unzureichende Compliance Bemühungen in einem Unternehmen ist das Nichteinhalten sonstiger gesetzlicher Bestimmung in dem Gebiet. Existieren für die Industrie, in der das Unternehmen tätig ist, spezialgesetzliche Regelungen zu Buchführungspflichten, *Whistle-Blowing*, Informationspflichten oder sonstige compliance-relevanten

---

[157] U.S. Sentencing Guidelines Manual (2008) § 8 B 2.1. Commentary, Application Notes.

Pflichten, so ist das Außerachtlassen dieser Bestimmungen ein Indiz, dass das Unternehmen insgesamt eine nur unzureichende Compliance Politik betreibt. Ähnlich verhält es sich mit branchenüblichen Maßnahmen, die von dem Unternehmen nicht beachtet werden. Auch diese sprechen gegen die Angemessenheit oder Hinlänglichkeit der im Unternehmen existierenden Compliance Strukturen.

b) Größe des Unternehmens

Auch die Größe des Unternehmens spielt bei der Konzeption des Compliance Programms eine entscheidende Rolle. Grundsätzlich wird von großen Unternehmen erwartet, dass sie einen größeren Aufwand betreiben und einen höheren Anteil ihrer Ressourcen aufwenden, um die Bestimmungen des USSG einzuhalten, als dies bei kleineren Unternehmen der Fall ist. Darüber hinaus wird von ihnen erwartet, dass sie, soweit möglich, auf kleinere Unternehmen Einfluss nehmen, mit denen sie in geschäftlichem Kontakt stehen, dass diese ebenfalls zureichende und angemessene Compliance und Ethik Systeme implementieren.

Kleinere Unternehmen sollen sich genauso engagiert den Bestimmungen des USSG widmen. Allerdings können sie dies in weniger formaler Weise tun und dafür weniger Ressourcen aufwenden. Beispielhaft für die Lockerung der Anforderungen an die Compliance Maßnahmen werden genannt:

- die Schulung der Mitarbeiter im Rahmen einfacher Personalversammlungen,
- die Überwachung des Personals durch informelle »*walk-arounds*«, also Beobachtungsgänge durch den Betrieb und
- die Nachahmung der »*best-practices*« ähnlicher Organisationen.

Somit sind die kleineren Unternehmen letztlich nur strukturell entlastet. Die ergriffenen Maßnahmen müssen dennoch geeignet sein Zuwiderhandlungen gegen das Gesetz aufzuspüren und auszuschalten.

c) Wiederkehrendes Gleichartiges Fehlverhalten

Das immer wiederkehrende Auftreten gleichartiger Verstöße weckt ebenfalls Zweifel an den Bemühungen, solches Verhalten aufzudecken und zu unterbinden. Auch dieses Kriterium bietet jedoch nur ein Indiz für die Unzulänglichkeit ergriffener Maßnahmen, um solches Fehlverhalten einzudämmen.

III. Compliance Voraussetzungen aus dem Fall Metcalf & Eddy

Weitere Hinweise für die Voraussetzungen eines effektiven Compliance Systems aus Sicht der amerikanischen Behörden lassen sich aus dem Vergleich zwischen der DOJ und dem Beklagten im Fall *Metcalf & Eddy* ziehen[158]. In diesem Fall stellten SEC und DOJ Korruptionsvorgänge in einem Unternehmen fest. Daher wurde als Teil des den Prozess beendenden Vergleichs die Einrichtung eines Compliance Programms vereinbart. Heute dienen die Bedingungen des Programms als Hinweis auf die Kriterien der Behörden für den Nachweis eines effektiven Compliance Programms. Die durch den Vergleich festgelegten Komponenten waren:

- die Einrichtung einer Compliance *policy*, welche Compliance Standards und Verfahren festlegt, die von allen Mitarbeitern und Beauftragten des Unternehmens einzuhalten sind und zugleich gewährleisten, dass die Möglichkeit von Verstößen reduziert wird,
- die Übertragung der Verantwortung für die Überwachung des Compliance Programms und für die Ermittlung von strafbarem Verhalten auf höhere Mitarbeiter des Unternehmens, die wiederum externe Rechtsberater und Abschlussprüfer zur Wahrnehmung dieser Aufgaben zurate ziehen können,
- die Gründung eines Ausschusses zur Überprüfung und Ausführung einer Due Diligence Prüfung von Beauftragten, die mit der Geschäftsentwicklung in ausländischen Staaten beauftragt wurden, sowie von ausländischen Joint Venture-Partnern,
- die Einführung von Unternehmensverfahren, um sicherzustellen, dass das Unternehmen keine wesentlichen Ermessensbefugnisse an Personen delegiert, von denen das Unternehmen weiß oder wissen müsste, dass diese zur Vornahme rechtswidriger Handlungen neigen,
- die Entwicklung von Unternehmensverfahren, um sicherzustellen, dass das Unternehmen Geschäftsbeziehungen zu angesehenen Beratern zum Zweck der geschäftlichen Entwicklung in ausländischen Staaten aufnimmt,

---

[158] US v. Metcalf & Eddy, Inc., 99 Civ. 12 566 NG (D. Mass. 1999).

- die Einführung regelmäßiger Schulungen von Führungskräften, Mitarbeitern, Beauftragter und Berater in Bezug auf die Anforderungen des FCPA und sonstiger Gesetze,
- die Durchsetzung entsprechender Disziplinarmaßnahmen bei Verletzung gesetzlicher Bestimmungen oder Verstößen gegen Compliance Richtlinien des Unternehmens
- Einrichtung eines Meldesystems für vermutete Verstöße im Unternehmen unter Wahrung der Anonymität, bzw. unter Garantie des Ausbleibens von Vergeltungsmaßnahmen,
- die Einführung von Klauseln in allen Verträgen mit Beauftragten, Beratern oder sonstiger Vertreter, dass keine Zusicherungen von geldwerten Leistungen an ausländische Amtsträger gemacht werden dürfen,
- die Einführung von Klauseln in allen Verträgen mit Beauftragten, Beratern oder sonstiger Vertreter, dass keine Unterbeauftragte eingesetzt werden dürfen, ohne vorherige Zustimmung durch das Unternehmen.

Im Wesentlichen sind diese Richtlinien bloße Präzisierungen der durch das USSG vorgesehenen Standards. Sie dienen jedoch einem besseren Verständnisses der Erwartungen der SEC und DOJ an ein solches Compliance Programm in einem Unternehmen.

IV. Deutscher Corporate Governance Kodex

1. Allgemeines

Am 20. August 2002 wurde der von der Regierungskommission Deutscher Corporate Governance Kodex konzipierte Kodex im Bundesanzeiger veröffentlicht. Seither wird er jährlich überprüft und nötigenfalls an veränderte Bedingungen angepasst. Die aktuell gültige Fassung des Kodex stammt vom 6. Juni 2008. Der Kodex regelt eine Reihe von sog. »*best practices*«, die das deutsche Corporate Governance System transparenter gestalten soll. Das Ziel, welches mit dem Erlass des Kodex verfolgt wurde, ist die Stärkung des Vertrauens deutscher und internationaler Anleger und der gesamten Öffentlichkeit in die Leitung und Überwachung deutscher börsennotierter Unternehmen[159]. Insofern betrifft der Kodex nur Unternehmen, die an der deutschen Börse notiert sind und nicht alle dem FCPA unterfallenden Unternehmen. Da sich diese Ar-

---

159 Deutscher Corporate Governance Kodex, Präambel.

beit allerdings mit den Implikationen des amerikanischen Rechts für deutsche Unternehmen befasst, sollen hier die deutschen Vorgaben besprochen werden, die ohnehin erfüllt sein müssen, um anschließend auf die Unterschiede bzw. Ergänzungen durch die amerikanische Compliance hinzuweisen.

Hinzuweisen ist darauf, dass der Kodex nur Empfehlungen enthält und daher kein zwingendes Recht darstellt. Rechtliche Bedeutung erhält der Kodex jedoch mittelbar über die Verpflichtung des § 161 AktG, wonach der Vorstand und der Aufsichtsrat jährlich eine sog. Entsprechungserklärung abgeben müssen, in der zum Ausdruck gebracht wird, dass der Kodex befolgt wurde[160]. Diese Erklärung ist den Aktionären dauerhaft zugänglich zu machen. Damit erhält der Kodex immer noch keinen Verbindlichkeitscharakter. Vielmehr verfolgte der Gesetzgeber hier eine Methode, die aus dem angelsächsischen Rechtskreis stammt und »*comply or explain*« genannt wird[161]. Damit verfolgt das Gesetz zwei Ziele. Zum einen soll die Erklärung eine Warnfunktion für das Unternehmen und seine Träger erfüllen[162], die anhand der Erklärung auf die »*best practices*« aufmerksam gemacht und an die Notwendigkeit ihrer Erfüllung erinnert werden. Außerdem soll die Erklärung das Marktvertrauen fördern und aufgrund der Öffentlichkeit, für die Unternehmen eine Lage schaffen[163], in der sie dem Kodex Folge leisten müssen, um nicht ihr Ansehen aufs Spiel zu setzen. Insoweit ist der häufig in diesem Zusammenhang genutzte Begriff des »*soft law*«[164] sehr zutreffend.

2. Inhalt des Kodex

Inhaltlich stellt der Kodex zu einem großen Teil eine bloße Wiedergabe der Gesetzeslage in Bezug auf Rechte und Pflichten von Vorstand und Aufsichtsrat einer Aktiengesellschaft dar. Darüber hinaus enthält er an einigen Stellen unverbindliche Empfehlungen an Unternehmen für die Einhaltung der anerkannten »*best practices*«. So wird beispielsweise betont, dass für eine gute Unternehmensführung die offene Diskussion und Beachtung der Vertraulichkeit

---

160 § 161 I AktG.

161 *Dr. Johannes Semler*, Münchener Kommentar, 2. Aufl. 2003, § 161 Rn. 47.

162 *Dr. Johannes Semler*, Münchener Kommentar, 2. Aufl. 2003, § 161 Rn. 48.

163 *Dr. Martin Peltzer*, Corporate Governance Codices als zusätzliche Pflichtenbestimmung für den Aufsichtsrat, NZG 2002, 10, 11.

164 *Dr. Eberhard Vetter*, Deutscher Corporate Governance Kodex, DnotZ 2003, 748, 754.

zwischen Vorstand und Aufsichtsrat unerlässlich sind[165]. Die wichtigste Aussage des Kodex zum Thema Compliance ist in einem Hinweis auf die Pflicht des Vorstandes zu sehen, für die Einhaltung der gesetzlichen Bestimmungen und der unternehmensinternen Richtlinien Sorge zu tragen und auf deren Beachtung hinzuwirken[166]. Somit zeigt auch der Deutsche Corporate Governance Kodex die Anerkennung der Wichtigkeit von funktionierenden Compliance Maßnahmen im Unternehmen.

V. Konzeption und Aufbau eines Compliance Systems

Den am häufigsten genannte Einwand gegen die Einrichtung und Erhaltung eines effektiven Compliance Programms stellen die damit einhergehenden Kosten für das Unternehmen dar. Die Unternehmensleitung geht in aller Regel davon aus, dass im eigenen Unternehmen alle Geschäftsabläufe nach Maßgabe der Gesetze und, soweit vorhanden, der Unternehmensstandards vollzogen werden. Deshalb besteht hinsichtlich der Entscheidung, erhebliche Summen einzusetzen, um geeignete Personen einzustellen, Mittel für die Einrichtung einer Compliance Abteilung bereitzustellen und die im Vorfeld erforderlichen Due Diligence Untersuchungen durchzuführen, erheblicher Widerstand. Wendet man den Blick allerdings den Verfahren von Siemens und Daimler zu, wird doch schnell ersichtlich, dass das blinde Vertrauen auf einen guten Ausgang solcher Ermittlungen oder sogar auf die Fehlerfreiheit der Geschäftsabläufe schnell Milliardenschäden bei dem Unternehmen verursachen können. Hinzu kommt der Imageverlust, der mit einer in der Presse ausgetragenen Untersuchung durch die Strafverfolgungsorgane einhergeht, welcher sich ebenfalls in rückläufigen Gewinnen niederschlagen kann. Aus diesem Grund ist die Ergreifung diverser Maßnahmen zur Absicherung der Compliance im Unternehmen heutzutage unerlässlich. Andernfalls drohen erhebliche, bis hin zu existenzvernichtende materielle Schäden[167].

---

165 Deutscher Corporate Governance Kodex, 3.5.
166 Deutscher Corporate Governance Kodex, 4.1.3.
167 *Dr. Christoph E. Hauschka / Dr. Gina Greeve*, Compliance in der Korruptionsprävention, BB 2007, 165 (166).

1. Erste Stufe: Information und Klarstellung

a) Risikobewertung

Bei der Gründung eines internen Kontrollsystems zur Verhinderung und Aufdeckung von Korruptionsstraftaten im Unternehmen besteht der erste Schritt in der Feststellung derjenigen Arbeitsgebiete, welche besonders korruptionsgefährdet sind. Diese Feststellung sollte in regelmäßigen Abständen und bei speziellem Anlass wiederholt durchgeführt werden[168]. Hierbei sollte insbesondere der Grad des Bezuges zu ausländischen Behörden und das Maß der Selbstständigkeit der Mitarbeiter im Umgang mit solchen untersucht werden. Hierbei bietet der Corruption Perception Index[169] von Transparency International eine Hilfestellung, indem er die besonders gefährdeten Regionen der Welt kennzeichnet, um dadurch eine Erleichterung bei der Identifizierung gefährdeter Tätigkeitsbereiche im Unternehmen zu bieten[170]. Bei der Bewertung der unterschiedlichen Unternehmensbereiche ist natürlich auch das Gefährdungspotenzial der einzelnen Aufgabenbereiche zu berücksichtigen. So sind Abteilungen, die unmittelbar mit der Auftragsakquise betraut sind deutlich gefährdeter als diejenigen, die reine Verwaltungsaufgaben leisten. Sinnvoll kann es sein, den Standort der Compliance-Abteilung an das Gefährdungsniveau einzelner Arbeitsbereiche anzupassen.

b) Formulierung der Unternehmensgrundsätze

Eine weitere wesentliche Aufgabe bei der anfänglichen Einrichtung von Compliance Maßnahmen im Unternehmen ist die Niederschrift der von allen Angestellten zu beachtenden Unternehmensgrundsätzen, in denen festgehalten wird, dass das Unternehmen jegliche Gesetzesverstöße missbilligt und die

---

168 *Dr. Gina Greeve*, in: Corporate Compliance, 498.
169 http://www.transparency.org/policy_research/surveys_indices/cpi/2008.
170 Der CPI wird aus den Daten mehrerer Umfragen zusammengestellt, die zur Wahrnehmung von Korruptionsvorgängen im In- und Ausland erhoben wurden. Befragt werden dabei Geschäftsleute, Länderanalysten und Korruptionsexperten. Die Untersuchungen werden durch mehrere unabhängige Institutionen geführt (z.B. das World Economic Forum). Der Index geht von 1 bis 10, wobei 10 die geringste Wahrnehmung von Korruption angibt und somit das beste Ergebnis darstellt. Im aktuellen CPI belegen Somalia, Myanmar und der Irak die letzten Plätze. Den besten CPI Wert haben die Länder Dänemark, Schweden und Neuseeland. Deutschland und die USA befinden sich ebenfalls unter den besten 10% der Länder.

Nutzung unrechtmäßiger Vorteilgewährungen zum Zwecke der Akquisition von Aufträgen strikt ablehnt. Ein solches Regelwerk sollte somit alle Ziele und Werte des Unternehmens definieren und insbesondere zum Ausdruck bringen, dass Straftaten im Unternehmen nicht toleriert werden[171]. Dieses Regelwerk kann darüber hinaus genutzt werden, um Elemente der Corporate Governance zum Ausdruck zu bringen, und dadurch beispielsweise das Maß an Transparenz für die Anteilseigner zu erhöhen. Des Weiteren können Prinzipien niedergelegt werden, die ein loyales Verhalten der Angestellten dem Unternehmen gegenüber allgemein voraussetzen. Insofern müssen sich diese Kodizes nicht auf die Einhaltung gesetzlicher Bestimmungen und somit nicht auf Compliance beschränken.

Die Aufstellung eines solchen Kodex kann natürlich keine Gewähr für die Gesetzmäßigkeit aller Vorgänge in den unterschiedlichen Unternehmensbereichen leisten. Vielmehr dient das Regelwerk dazu, das Bewusstsein der Mitarbeiter für die Priorität der Gesetzestreue in den Augen der Unternehmensleitung zu festigen. Dies setzt selbstverständlich voraus, dass die Unternehmensprinzipien allen Mitarbeitern zugänglich gemacht werden. Je präsenter solche Kodizes in der Unternehmensstruktur sind, umso erfolgreicher kann das Bewusstsein für ihre Wichtigkeit bei den Angestellten gestärkt werden. Darüber hinaus müssen die Regeln von allen Mitarbeitern ernst genommen werden. Dies setzt voraus, dass sie nicht bloß aufgestellt sondern von dem Unternehmen auch vorgelebt werden. Das heißt, das Unternehmen muss weitere Strukturen schaffen, um die Verbindlichkeit und Durchsetzbarkeit der Unternehmensprinzipien zu gewährleisten.

Zur Gewährleistung der Anerkennung der aufgestellten Unternehmensgrundsätze sollten regelmäßige Schulungsmöglichkeiten für alle betroffenen Mitarbeiter gegeben werden[172]. Dazu sollten reichliche Informationsangebote den Mitarbeitern zugänglich gemacht werden. Dies kann mittels Rundschreiben bzw. Rundmails, Intranetdarstellungen und im Rahmen von Mitarbeitergesprächen geschehen. Empfehlenswert ist dabei die Nutzung verschiedener Informationswege zur Absicherung der Erreichbarkeit aller Mitarbeiter. Darüber hinaus ist die Vornahme regelmäßiger Stichproben und internen Qualitätsüberprüfungen sinnvoll. Diese können als Teil des Aufgabenbereichs

---

171 *Ulrich Sieber* in: FS Tiedemann, Köln 2008, S. 454.
172 *Hauschka* in: Corporate Compliance, § 1 Rn. 35.

der Compliance Abteilung von den dort tätigen Mitarbeitern durchgeführt werden[173].

2. Zweite Stufe: Zuordnung und Verantwortung

a) Verantwortlichkeit der Führungsebene

Nicht alleine zur Motivation der Mitarbeiter, sondern auch der Transparenz interner Compliance Strukturen dienend, sollte die Führungsebene des Unternehmens erkennbar die Verantwortung für sämtliche Geschehnisse im Unternehmen übernehmen. Zudem erhöht dies die Akzeptanz der von der Führungsebene eingerichteten Instanzen zur Kontrolle der Gesetzmäßigkeit von Geschäftsvorgängen und sämtlichen sonstigen Compliance Maßnahmen auf allen Ebenen.

Oberste Priorität bei der erstmaligen Einrichtung von internen Kontrollen sollte die Einrichtung einer gesonderten Abteilung mit Zuständigkeit ausschließlich im Bereich Compliance haben. Häufig wird der Versuch unternommen solche Funktionen von der ohnehin bestehenden Rechtsabteilung ausüben zu lassen. Allerdings erhöht es die Glaubwürdigkeit und Akzeptanz solcher Instanzen, wenn weitestgehend gewährleistet ist, dass keinerlei Interessenkonflikte aufkommen können. Insoweit ist es auch sinnvoll bis hin zu erforderlich, die Compliance Abteilung weisungsunabhängig zu gestalten[174]. Denn es ist von entscheidender Wichtigkeit, dass auch die Tätigkeiten der Unternehmensleitung durch die Compliance Abteilung überprüft und kontrolliert werden. Dies ist zum einen wichtig, weil gerade die Angestellten der Führungsebene in engem Kontakt zu großen Auftraggebern stehen. Des Weiteren leidet die Glaubwürdigkeit eines Compliance Systems außerordentlich darunter, dass es als Kontrolle der unteren Unternehmensebene wahrgenommen wird. Es darf keinesfalls der Eindruck entstehen das System existiere nur fadenscheinig, denn damit wird es seiner gesamten Berechtigung und Autorität beraubt. Dazu gehört jedoch auch, dass sich jeder Unternehmensbereich der Kontrolle der Compliance Abteilung unterwirft. Dabei muss die Compliance Abteilung zu allen Mitarbeitern Zugang haben und gehindert

---

[173] siehe dazu den Abschnitt zur Einrichtung einer und Aufgabenverteilung an die Compliance Abteilung.

[174] *Greeve* in: Corporate Compliance, S. 498.

die Ergebnisse ihrer Untersuchungen und sonstigen Maßnahmen der Unternehmensleitung vortragen können[175].

Sinnvoll kann es auch sein zusätzliche Ansprechpartner oder Ombudsmänner im Unternehmen zu bestimmen, die als Auffanginstanz dienen, sofern der Verdacht besteht, dass die eigentlichen Compliance Beauftragte selbst in unrechtmäßigem Verhalten verwickelt sein könnten. Solche Sicherungsmaßnahmen erscheinen zwar auf dem ersten Blick als Übertreibung. Sollte es jedoch zu einer Untersuchung durch die amerikanischen Behörden kommen, gilt jede zusätzliche Absicherungsmaßnahme als Entlastungsindiz. Gerade im Hinblick auf die relativ geringen Kosten der Bestellung eines zweiten Ansprechpartners außerhalb der Compliance Abteilung stellt dies zudem eine günstige Maßnahme zur Erbringung des Sorgfältigkeitsbeweises dar.

b) Informationssystem

Wie bereits erwähnt ist die Akzeptanz für die Effektivität eines Compliance-Systems von essenzieller Bedeutung. Deshalb muss auch der Informationsfluss im Unternehmen in Bezug auf Compliance relevante Sachverhalte transparent und verständlich strukturiert sein. Gerade in diesem Bereich ist wichtig, dass Maßnahmen angelegt werden, welche für eine langfristige Nutzung im Unternehmen geeignet sind[176]. Es darf nicht verkannt werden, dass vor allem im Bereich des Informationssystems Compliance eine dauerhafte Aufgabe im Unternehmen darstellen wird, an der es ständig zu arbeiten gilt. Zum einen erhöht die ständige Überprüfung der Effektivität der Informationswege die Akzeptanz des gesamten Systems im Unternehmen. Zum anderen aber erfüllt ein durchdachtes Informationssystem auch vorbeugende Funktionen, da es gewährleistet, dass rechtswidriges Verhalten alsbald aufgedeckt wird und sich somit Verstöße keinesfalls als lohnend darstellen werden.

Von zentraler Bedeutung in diesem Zusammenhang ist die gründliche Schulung aller Mitarbeiter, ihrem Ressort entsprechend, in Bezug auf die für sie zu beachtenden und relevanten Compliance Maßnahmen und Rechtsvorschriften. Diese Schulungen sollten bestenfalls in unterschiedlichen Modi vollbracht werden, um eine maximale Durchdringung der Unternehmensstrukturen zu

---

175 *Greeve* in: Corporate Compliance, S. 498.
176 *Stephan / Seidel* in: Corporate Compliance, S. 577.

gewährleisten. Zum einen können in regelmäßigen Abständen Workshops für die unterschiedlichen Unternehmensbereiche abgehalten werden. Diese Form der Informationsweitergabe ist für alle Beteiligten, Unternehmensführung und Mitarbeiter, eine fruchtbare Methode des Erkenntnisgewinns. Die Mitarbeiter haben die Gelegenheit Fragen zu stellen oder durch die Besprechung fiktiver Sachverhalte sich mit den relevanten Aspekten der Compliance vertraut zu machen. Zugleich aber gewinnt die Unternehmensleitung (oder Compliance-Abteilung) die Chance von den Mitarbeitern direkt Feedback zu den bestehenden Maßnahmen, deren Akzeptanz und wahrgenommenen Effektivität zu erhalten[177]. Zum anderen können, je nach Größe und Infrastruktur des Unternehmens, auch technische Hilfsmittel zur Vermittlung der Compliance Politik fruchtbar gemacht werden. Es können zum Beispiel, Online-Trainingsprogramme über das Intranet den Mitarbeitern zur Verfügung gestellt werden[178]. Solche Maßnahmen haben diverse positive Effekte. Zum einen entstehen bei ihnen nahezu ausschließlich in der Entwicklungsphase Kosten, da sie auf die ohnehin vorhandene Infrastruktur aufbauen. Darüber hinaus setzen solche Maßnahmen ein deutliches Zeichen für die Mitarbeiter, dass das Unternehmen bemüht ist das Thema ernst zu nehmen und nicht nur disziplinarisch gegen Verstöße vorgehen, sondern auch Präventivmaßnahmen ergreifen wird.

3. Dritte Stufe: Kontrolle und Disziplinierung

Spätestens dann, wenn bereits konkrete Verdachtsmomente bestehen oder Rechtsverstöße oder Schäden auftreten ist eine Compliance Organisation im Unternehmen unentbehrlich. In solchen Fällen besteht die primäre Aufgabe der zuständigen Personen im unverzüglichen Abstellen der akuten Gefahrensituation[179]. Dies erfolgt durch Kontrolle und Maßnahmen zur Disziplinierung der betroffenen Bereiche und Personen im Unternehmen. Erst wenn sichergestellt ist, dass das konkrete Problem behoben ist, kann sich die Compliance Organisation wieder den Aufgaben der Prävention vollumfänglich widmen. Selbstverständlich sollten solche Notsituation grundsätzlich vermieden werden, was sich wohl am besten durch eine von Anfang an auf Prävention und Aufdeckung gerichtete Compliance Organisation erreichen lässt.

---

177 *Stephan/Seidel* in: Corporate Compliance, S. 577.
178 *Stephan/Seidel* in: Corporate Compliance, S. 578.
179 *Hauschka* in: Corporate Compliance, § 1 Rn. 38.

Ist bereits ein Korruptionsproblem entstanden oder droht ein solches sich zu entwickeln, sind von der Compliance Organisation verschiedene Maßnahmen zu ergreifen und durchzuführen. Die wichtigsten dieser Maßnahmen werden nun näher in ihrem Ablauf und ihren wichtigsten Merkmalen erläutert. Dabei sollte jedoch im Blick behalten werden, dass es auch in diesem Bereich keine Patentlösung für jedes Problem in jedem Unternehmen gibt. Vielmehr muss die Compliance Organisation ihre Strategie flexibel an die jeweilige Angelegenheit und die im Unternehmen gegebenen Strukturen anpassen, um ein wirksames Konzept zur Gegensteuerung zu entwickeln.

a) Interne Untersuchungen

aa) Konzeption und Durchführung

Sollten rechtlich fragwürdige Handlungen im Unternehmen in Erscheinung treten, steht eine interne Untersuchung, sog. *internal investigations*[180], dieser eventuellen Verstöße als erste Maßnahme unmittelbar an. Vielfach wird in solchen Fällen auch bereits eine Aufforderung der SEC[181] vorliegen, eine solche interne Untersuchung durchzuführen[182]. Es gilt in solchen Fällen zunächst durch den Einsatz unternehmenseigener Compliance Personen festzustellen, ob der Verdacht stichhaltig ist. Gegebenenfalls kann es an dieser Stelle auch ratsam sein, Beauftragte von außerhalb des Unternehmens zum Zwecke der Aufdeckung des Geschehens einzuschalten. Von zentraler Bedeutung im Rahmen dieser internen Untersuchungen ist, neben der Feststellung des tatsächlichen Geschehens, auch die Erforschung der Ursachen für das Problem[183]. Es muss geklärt werden, welche Strukturen in dem bestehenden Compliance Netzwerk verbessert werden müssen, um künftig Zwischenfälle der gleichen

---

180 Bei FCPA Verfahren gegen deutsche Unternehmen werden häufig sog. *Cross Border Investigations*, also grenzüberschreitende interne Untersuchungen erforderlich sein, welche auch die Praktiken aller ausländischer Tochterunternehmen unter die Lupe nehmen.

181 Anders als in Deutschland, werden Untersuchungen der SEC häufig nicht durch die Behörde selbst ausschließlich geführt. Vielmehr wird von den in Verdacht geratenen Unternehmen erwartet, dass sie die Ermittlung und Aufklärung des Sachverhalts selbst und auf eigene Kosten übernehmen. In der Regel wird die SEC von dem betroffenen Unternehmen einen umfassenden Bericht nebst Herausgabe aller wichtigen Unterlagen fordern, *Tim Wybitul*, Interne Ermittlungen auf Aufforderung von US-Behörcden-ein Erfahrungsbericht, BB 2009, 606 (607).

182 *Tim Wybitul*, Interne Ermittlungen auf Aufforderung von US-Behörcden-ein Erfahrungsbericht, BB 2009, 606 (606).

183 *Hauschka* in: Corporate Compliance, § 1 Rn. 51.

Art zu vermeiden. Dies gilt umso stärker für sog. *Systemic and Recurring Problems,* bei denen es zuvor bereits Beschwerden gegeben hat, oder bei denen eine Wiederholung wahrscheinlich erscheint[184]. Die gesamten Untersuchungen sind durch das Management zu beaufsichtigen[185]. Darüber hinaus ist es zu empfehlen, das Verfahren zur Aufdeckung und Klärung solcher Sachverhalte durch eine Standardisierung und Niederschrift für die Angestellten möglichst transparent auszugestalten[186].

bb) Die Rolle des Rechtsanwalts bei der Untersuchung

Die Ermittlung und Aufklärung des Problematischen Sachverhalts wird von der SEC dem jeweilgen Unternehmen in aller Regel aufgetragen werden. Allerdings müssen bei der Durchführung der Untersuchungen und bei der Konzeption solcher Vorgänge immer auch die Maßgaben des deutschen Rechts beachtet werden[187], wenngleich es im konkreten Fall schwierig sein kann, dies den US-Behörden zu vermitteln. Interne Untersuchungen welche den Anforderungen des deutschen Datenschutz- und Arbeitsrechts nicht genügen, werden die Probleme mit den Behörden nur von einem Land zum anderen verlagern. Auch aus diesem Grund ist die Hinzuziehung von Rechtsbeistand in dieser Phase unerlässlich. Größere Unternehmen wenden sich in solchen Fällen deshalb häufig an große internationale Anwaltssozietäten, die sowohl in Deutschland als auch in den USA Anwälte beschäftigen, um eine Durchführung der Untersuchungen zu erreichen, die im Einklang mit beiden betroffenen Rechtsordnungen steht.

Bei solchen Vorgängen erscheint die Tätigkeit des Rechtsanwalts aus Sicht eines Außenstehenden als die Erfüllung eines Auftrags der US-Behörden. Dies ist allerdings unrichtig. Der Rechtsanwalt, auch der amerikanische, vertritt ausschließlich die Interessen seines Mandanten, also dem betroffenen Unternehmen. Zudem unterliegt der Rechtsanwalt einer standesrechtlichen Schweigepflicht, deren Nichtbeachtung mit Strafe bedroht ist[188]. Vielfach

---

184 *Hauschka* in: Corporate Compliance, § 1 Rn. 51.
185 *Hauschka* in: Corporate Compliance, § 1 Rn. 51.
186 *Stephan/Seidel* in: Corporate Compliance, § 25 Rn. 228.
187 *Tim Wybitul*, Interne Ermittlungen auf Aufforderung von US-Behörcden-ein Erfahrungsbericht, BB 2009, 606 (607).
188 siehe § 203 I Nr. 3 StGB.

werden die US-Behörden von den Unternehmen verlangen, dass diese ihre Anwälte aus der Schweigepflicht entbinden[189]. Eine Pflicht hierzu besteht jedoch nicht und somit sollte die Entscheidung nur nach gründlicher Prüfung aller Folgen zugunsten dieser Aufforderung ausgehen. Früher konnten die amerikanischen Ermittler eine Ablehnung der Aufforderung, den Anwalt von der Schweigepflicht zu entbinden, als mangelnde Kooperation und damit als einen Strafschärfungsgrund berücksichtigen. Dank einer Gesetzesänderung aus dem Jahr 2008 ist dies nun endgültig verboten[190]. Somit können Unternehmen ohne Angst vor härteren Strafen eine solche Aufforderung schlicht ablehnen.

b) Interne Sanktionsmaßnahmen

Bereits vor der Durchführung konkreter Untersuchungen, schon bei der präventiven Compliance, sollte festgelegt werden, welche Sanktionsmaßnahmen durch das Unternehmen für verschiedene Complianceverstöße verhängt werden sollen. Auch diese sollten im Rahmen der Information und Schulung bezüglich der Corporate Compliance an alle Mitarbeiter vermittelt werden. Solche internen Sanktionen sollten an die jeweilige Schwere einzelner Verstöße und an deren Häufigkeit angepasst sein. Die Sanktionen können mit einfachen Verwarnungen beginnen und bis zur Kündigung reichen. Die Ausgestaltung der Sanktionen sollte jedoch in Absprache mit der Rechtsabteilung oder eines externen Rechtsanwalts besprochen werden, um Verstöße gegen arbeitsrechtliche Vorgaben zu vermeiden. Allerdings sollten die Maßnahmen unbedingt echten Sanktionscharakter haben. Dies wird von den US-Behörden im Falle einer Ermittlung erwartet.

c) Anreizstrukturen

Neben Sanktionen für Fehlverhalten können auch diverse Anreizstrukturen als Compliance Maßnahmen hilfreich sein, um die Kooperation der Mitarbeiter sicherzustellen. Solche Anreize können in positiven Benotungen der Mitarbeiter bei beförderungsbezogenen Bewertungen bestehen. Jedenfalls

---

189 *Tim Wybitul*, Interne Ermittlungen auf Aufforderung von US-Behörcden-ein Erfahrungsbericht, BB 2009, 606 (607).
190 siehe hierzu die Pressemitteilung des DOJ zur Gesetzesänderung vom 28.08.2008 unter: http://www.usdoj.gov/opa/pr/2008/August/08-odag-757.html.

sollten Mitarbeiter für die Einhaltung des Complianceprogramms zum Beispiel durch Hinweise auf Verstöße im Unternehmen keinerlei negative Konsequenzen fürchten müssen. Dies kann durch ein Belohnungssystem verstärkt werden. Vorsicht ist allerdings bei der Belohnung im Rahmen eines *Whistleblowing* Konzepts geboten. Zu diesem Problem wird der folgende Abschnitt weitergehende Stellung nehmen.

d) Whistle-blowing

aa) Allgemeines

Ein wesentliches Problem bei der Verwirklichung der geplanten Compliance Maßnahmen ist immer die Abhängigkeit des Unternehmens von der Weitergabe von Informationen zu unzulässigem Verhalten durch die Mitarbeiter selbst. Ohne die erforderliche Information über die wesentlichen Ereignisse in allen Unternehmensbereichen können keine wirksamen Strategien zur Bekämpfung von Gesetzesverletzungen und zur ihrer Ahndung aufgestellt und schon gar nicht durchgesetzt werden. An diese Informationen gelangt das Unternehmen jedoch nur durch die im jeweiligen Bereich tätigen Mitarbeiter. Es ist allerdings ein bekanntes Phänomen, dass Angestellte solche Informationen häufig zurückhalten, sei es aus Angst vor rechtlichen oder wirtschaftlichen Sanktionen oder aus einem durch die Mitarbeiterkultur im Unternehmen erzeugten psychologischen Druck heraus[191].

Aufgrund dieser Schwierigkeiten hat sich das unter dem englischen Begriff des »*Whistle-blowing*«[192] bekannt gewordene Phänomen der Einrichtung besonderer Abteilungen für die Entgegennahme anonymer Meldungen über Gesetzesverstöße im Unternehmen, meist durch Angestellte aber vereinzelt auch durch Kunden[193] etabliert. Dabei werden in Bezug auf den Empfänger

---

191 *Stephan / Seidel* in: Corporate Compliance, S. 567.

192 Der englische Begriff des *Whistle-blowing* stellt eine Anspielung auf das Pfeifen durch Polizisten und Schiedsrichter beim Sport dar, das auf einen Regelverstoß hinweist. Siehe hierzu *Arnd Koch*, »Korruptionsbekämpfung durch Geheimnisverrat? Strafrechtliche Aspekte des Whistleblowing«, ZIS 2008, 500 (500). Teilweise wird auch das Pfeifen eines Bahnmitarbeiters um seine Kollegen vor herannahenden Zügen zu warnen als Ursprung zitiert. Siehe hierzu *Steffen Salvenmoser / Lars-Heiko Kruse*, »Whistleblower Hotlines- Betrügern auf der Spur«, Die Bank 2007, 74 (75). Ein entsprechender deutscher Begriff, der das gesamte Phänomen mit allen Charakteristika beschreibt, existiert nicht.

193 *Thilo Mahnhold*, »Global Whistle« oder »deutsche Pfeife«- Whistleblowing-Systeme im

der Meldungen zwei Arten des *Whistle-blowings* eingesetzt: Es sind ein internes und ein externes *Whistle-blowing* voneinander zu unterscheiden[194]. Im Rahmen des internen *Whistle-blowings* werden Meldungen an zuständige Angestellte des Unternehmens überbracht. Dies können Compliance Officer, direkte Vorgesetzte oder Mitglieder der Geschäftsleitung oder des Aufsichtsrats sein[195]. Beim externen *Whistle-blowing* muss wiederum unterschieden werden. Eine Möglichkeit besteht darin, Gesetzesverstöße direkt bei den zuständigen Strafverfolgungs- oder Aufsichtsbehörden anzuzeigen. Eine weitere Möglichkeit ist die Meldung an unternehmensexterne aber mit dem Unternehmen eng verbundene Ombudsleute oder *Whistle-blowing* Foren im Inter- oder Intranet[196]. Dabei ist durch das Unternehmen festzulegen welchen Umfang das *Whistle-blowing* System haben soll. Es muss entschieden werden, ob jedermann Zugang zu dem System insgesamt haben soll oder ob nur bestimmte Mitarbeiter, z.B. in besonders sensiblen Bereichen des Unternehmens am *Whistle-blowing* teilnehmen können. Ferner muss festgelegt werden, welche Informationen im Einzelnen entgegengenommen werden sollen. Das System kann sich auf die Meldung von strafbaren Verhaltensweisen beschränken oder auch Verstöße gegen unternehmensinterne Verhaltensnormen aufnehmen.

Auf keinen Fall darf aus den Augen verloren werden, dass es sich bei der Ausgestaltung eines *Whistle-blowing* Systems um eine äußerst sensible Einrichtung handelt, die nur dann von den Angestellten akzeptiert werden kann, wenn die Ausgestaltung den besonderen Erfordernissen des Datenschutzes und der Eingriffe in die Rechte der Hinweisgeber und der Verdächtigen Rechnung trägt. Gerade in Deutschland vor dem Hintergrund des Einsatzes geheimer Hinweisgeber sowohl während des Nationalsozialismus als auch im Rahmen des Vorgehens der Staatssicherheit der DDR ist ein solches System in den Augen vieler durch massive Ablehnung vorbelastet[197]. Diese Ablehnung kann im Einzelfall schwierig zu überwinden sein. Wichtig ist in diesem Zusammenhang die Herstellung einer Balance zwischen den Selbstbestimmungsrechten der Arbeitgeber und der Haftungsrisiken des Arbeitnehmers

---

Jurisdiktionskonflikt, NZA 2008, S. 737 (737).

194 *Arnd Koch*, »Korruptionsbekämpfung durch Geheimnisverrat? Strafrechtliche Aspekte des Whistleblowing«, ZIS 2008, 500 (500).

195 *Stephan / Seidel* in: Corporate Compliance, S. 567.

196 *Stephan / Seidel* in: Corporate Compliance, S. 567.

197 *Thilo Mahnhold*, »Global Whistle oder deutsche Pfeife- Whistleblowing-Systeme im Jurisdiktionskonflikt«, NZA 2008, 737 (737).

für Gesetzesverstöße im Unternehmen[198]. Schwerpunkt der Problematik liegt vor allem bei der Anonymität der *Whistle-blowing* Systeme. Diesen entscheidenden Bestandteil eines solchen Systems in Einklang mit den berechtigten Interessen des Verdächtigten, insbesondere seines Persönlichkeitsschutzes, und diejenigen des Hinweisgebers zu bringen ist eine schwierige Aufgabe. Auf der sicheren Seite bewegt sich der Arbeitgeber dabei am ehesten, wenn er zwar *Whistle-blowing* Einrichtungen vorsieht und in der Lage ist auch anonymen Meldungen nachzugehen, solche aber nicht aktiv fördert oder seinen Mitarbeitern abverlangt[199].

bb) Vereinbarkeit mit amerikanischen und deutschen Rechtsnormen

Problematisch kann die Implementierung von *Whistle-blowing* Maßnahmen dann sein, wenn bestimmte Mindestvoraussetzungen von amerikanischen Gesetzen vorgegeben werden, welche mit dem deutschen Recht kollidieren, das Unternehmen jedoch wegen einer Börsennotierung in den USA beiden Rechtsnormen unterliegt. Es gilt dabei die Feststellung zu treffen, welches Recht im konkreten Fall zur Anwendung kommen soll.

Im Amerikanischen Recht ergeben sich dabei die relevanten Normen aus dem *Sarbanes-Oxley* Act. In Sec. 406 des *Acts* wird die Pflicht des Vorstandes einer börsennotierten Gesellschaft begründet, eine Erklärung über die Einrichtung eines *Code of Ethics* abzugeben. Im Rahmen eines solchen *Code of Ethics* wird von der SEC erwartet, dass das Unternehmen ausdrücklich die Anzeige von strafbarem oder richtlinienwidrigem Verhalten fördert, also über die reine Entgegennahme solcher Hinweise hinaus unterstützende Maßnahmen ergreift. Dies betrifft vor allem die Gestaltung interner *Whistle-blowing* Systeme. Diese Pflicht ließe sich jedoch in Übereinstimmung mit dem deutschen Recht erfüllen, in dem eine Instanz zur Entgegennahme solcher Meldungen eingerichtet wird und die Information über die Einrichtung dieser Stelle und die konkrete Ausführung solcher Meldungen auch an die Mitarbeiter herangetragen wird, ohne dass dabei irgendein Druck seitens der Unternehmensleitung auf die Mitarbeiter ausgeübt wird, dieses System auch zu gebrauchen.

---

198 siehe hierzu die Regelung des § 130 OWiG, welches eine weitläufige Haftung des Unternehmens mit erheblichen Sanktionen bei Verstößen gegen Straftatbeständen und Ordnungswidrigkeiten durch die Mitarbeiter vorsieht.

199 *Thilo Mahnhold*, »Global Whistle oder deutsche Pfeife- Whistleblowing-Systeme im Jurisdiktionskonflikt«, NZA 2008, 737 (740).

Denn Mitarbeiter können unstreitig jederzeit anonyme Beschwerden an die Unternehmensleitung übersenden, sodass nicht einsehbar ist, warum die Abgabe einer solchen Beschwerde an eine dafür zuständige Einrichtung innerhalb des Betriebes eine größere Verletzung der Datenschutzrechte des Betroffenen darstellen sollte. Allerdings sollte die Möglichkeit der Abgabe solcher Hinweise im Interesse dieser Rechte durch die Unternehmensführung nicht übermäßig betont werden, um den Verdacht einer aktiven Förderung nicht aufkommen zu lassen[200].

Als weitaus problematischer stellt sich der Umgang mit externen *Whistleblowing* Systemen im Rahmen des deutschen Rechts dar. Externes *Whistleblowing* bezeichnet einen Vorgang bei dem ein Angestellter eines Unternehmens Insiderinformationen über Gesetzesverstöße im Unternehmen nach außen, also an Unternehmensfremde Personen weitergibt[201]. Relevant sind hierbei nur diejenigen Fälle, in denen der Informant die Materialien an Strafverfolgungsbehörden weitergibt. Diese Art von *Whistleblowing* ist selbstverständlich nicht wünschenswert und kann dem Unternehmen, je nach Art und Schwere der Verstöße, schwerwiegende Schäden versetzen, die nicht nur die Sanktionen des Staates, sondern auch den Verlust an Ansehen bei Anlegern, Investoren und Kunden beinhalten. Aus diesem Grund besteht für diese Art des Whistleblowing im deutschen Recht auch eine ganze Reihe an Sanktionen, denen sich der Informant ausgesetzt sieht, der zu diesen Mitteln greift. In erster Linie berechtigt das externe *Whistleblowing* den Arbeitgeber unter Umständen zu einer verhaltensbedingten Kündigung des jeweiligen Mitarbeiters[202]. Darüber hinaus stellt die Weitergabe solcher Betriebsgeheimnisse einen Verstoß gegen § 17 UWG[203] dar, welche eine Strafbarkeit mit sich bringt.

---

200 *Thilo Mahnhold*, »Global Whistle oder deutsche Pfeife- Whistleblowing-Systeme im Jurisdiktionskonflikt«, NZA 2008, 737 (743).

201 *Arnd Koch*, »Korruptionsbekämpfung durch Geheimnisverrat? Strafrechtliche Aspekte des Whistleblowing«, ZIS 2008, 500 (502); hier wird auch darauf hingewiesen, dass die im Jahre 2008 bekannt gewordene Liechtensteiner Steueraffäre einen Fall des externen Whistleblowing darstellt, siehe dazu: *Ralf Kölbel*, Zur Verwertbarkeit privat-deliktisch beschaffener Bankdaten, NStZ 2008, 241 ff.

202 Dies gilt jedoch in Übereinstimmung mit dem Bundesverfassungsgericht uneingeschränkt nur bei vorsätzlicher Weitergabe interner Informationen. Bei nur fahrlässigen Verstößen soll eine Kündigung hingegen »in der Regel« nicht zulässig sein, BVerfG NJW 2001, 3474 ff.

203 so die herrschende Meinung, *Klaus Tiedemann*, Wirtschaftsstrafrecht, Besonderer Teil, 2. Aufl. 2008, Rn. 234, *Helmut Köhler* in: *Hefermehl/Köhler/Bornkamp*, UWG, 27. Aufl. 2009, § 17 Rn. 9. Die Gegenansicht sieht an der Geheimhaltung sitten- oder rechtswidriger Machenschaf-

VI. Red-Flags

Von praktischer Bedeutung wird der FCPA für deutsche Unternehmen vor allem dann sein, wenn das Unternehmen Verträge mit ausländischen Unternehmen oder Regierungen abschließt. Bei solchen Geschäften sollte stets die Vereinbarkeit des Vertrages mit den Anforderungen des FCPA überprüft werden. Zu diesen Maßnahmen gehören die schriftliche Festlegung aller wichtigen Informationen, die Due Diligence aller Drittauftragnehmer und die Niederschrift der ausschlaggebenden Gründe für die Beauftragung eines Unternehmens oder einer Person. Darüber hinaus existieren eine Reihe von anerkannten Warnhinweisen, sog. *Red Flags*, welche als Hinweis dienen, dass ein bestimmtes Geschäft mit einem erheblichen FCPA Risiko behaftet ist, oder eventuell bereits ein Verstoß vorliegen könnte. Diese *Red Flags* werden im Folgenden dargestellt[204]:

1. der Wohnsitz des Beauftragten oder Beraters liegt nicht in dem Land, in dem die Leistungen zu erbringen sind,
2. Provisionszahlungen an Beauftragte oder Berater sollen an einen Ort außerhalb des Landes und/oder in ein Land erfolgen, das für Geldwäscheaktivitäten bekannt ist,
3. aus den elektronischen Zahlungsanweisungen des Unternehmens ist die Person des Absenders oder Empfängers nicht ersichtlich,
4. der Beauftragte oder Berater verlangt eine ungewöhnlich hohe Provision, die nicht dem Leistungsumfang oder der Risikohöhe entspricht,
5. Weigerung des Beauftragten oder Beraters, seine Besitz- oder Eigentumsverhältnisse in vollem Umfang offen zulegen,
6. der Beauftragte oder Berater verfügt nicht über die organisatorischen Ressourcen oder das Personal, die bzw. das für die vertragsgemäß zu erbringenden Leistungen erforderlich ist,
7. der Beauftragte oder Berater ist durch enge familiäre oder sonstige persönliche oder berufliche Bande mit der ausländischen Regierung oder ausländischen Amtsträger verbunden,
8. Familienangehörige oder Verwandte eines Beauftragen oder Beraters sind hochrangige Amtsträger der ausländischen Regierung oder der herrschenden politischen Partei,

---

ten kein schutzwürdiges Interesse des Unternehmens, *Manfred Möhrenschläger* in: *Wabnitz/Janovsky*, Handbuch des Wirtschafts- und Steuerstrafrechts, 3. Aufl. 2007, S. 810.

204 nach Stuart H. Deming, The Foreign Corrupt Practices Act and the New International Norms, 2005, 355 ff.

9. der Beauftragte oder Berater wurde dem Unternehmen von einem ausländische Amtsträger des potenziellen Regierungskunden empfohlen,
10. für den Beauftragten oder Berater sind Unterbeauftragte oder Subunternehmer tätig, die ihn in seiner Tätigkeit unterstützen und die nicht offengelegt wurden,
11. die Provisionen des Beauftragten oder Beraters überschreiten den für die Branche und Region üblichen oder typischen Betrag,
12. der Beauftragte oder Berater weigert sich, Gewährleistungen, Zusicherungen und Versprechen mit dem Inhalt zu unterzeichnen, dass er weder bisher die FCPA Anforderungen verletzt hat noch künftig verletzen wird,
13. der Beauftragte oder Berater verlangt Barzahlung,
14. der Beauftragte oder Berater verlangt Zahlungen auf ein Konto in einem ausländischen Staat, der nicht mit der Transaktion verbunden ist, oder an einen Dritten,
15. der Beauftragte oder Berater verlangt die Ausstellung falscher Rechnungen oder sonstiger Dokumente in Verbindung mit der Transaktion,
16. die Transaktion erfolgt in einem Land, das generell für Bestechung und Korruption bekannt ist, oder ein solches Land ist an der Transaktion beteiligt,
17. die Aufwendungs- und Buchführungsunterlagen sind nicht ausreichend transparent und,
18. eine Vertragspartei verlangt eine Spende für einen Bewerber um ein Amt in einer ausländischen Partei, die in bar erfolgen oder nicht offengelegt werden soll.

Sollten eine oder mehrere der Warnhinweise gegeben sein, bedeutet dies nicht zwangsläufig einen Verstoß gegen den FCPA. Auch sind solche Hinweise als Beweis eines solchen Verstoßes unzureichend. Dennoch ist bei Vorliegen eines oder mehrerer dieser Hinweise extreme Vorsicht in Bezug auf die Regeln des FCPA geboten. In jedem Fall ist zu empfehlen, die Transaktion derart umzugestalten, dass das fragwürdige Verhalten nicht mehr Teil des Geschäfts ist und sich verdächtiges Verhalten vom Vertragspartner erklären zu lassen. Lassen sich die Zweifel allerdings nicht ausräumen, kann von dem Geschäft nur abgeraten werden.

F. Die Siemens Affäre

Auslöser für die verstärkte Aufmerksamkeit deutscher Rechtswissenschaftler und Manager für den FCPA und deren Auswirkungen war das erst im Dezember 2008 beendete Verfahren der SEC und des DOJ gegen die Siemens AG. Der Ausgang des Verfahrens wurde von der Presse als glimpflich bezeichnet[205]. Am 15. Dezember 2008 wurde der das Verfahren beendende Vergleich zwischen der Siemens AG und den Behörden SEC und DOJ geschlossen. Darin vereinbarte Siemens die Zahlung von $ 350 Millionen an die SEC und $ 450 Millionen an den DOJ. Diese Summen gehen kaum mit der alltäglichen Vorstellung eines glimpflichen Ausgangs einher. Und dennoch muss Siemens froh sein, das Verfahren auf diese Weise zu einem Ende gebracht zu haben.

Vorgeworfen wurden der Siemens AG 4283 Zahlungen von insgesamt mehr als $ 1,4 Milliarden[206] seit der Mitte der Neunzigerjahre an ausländische Amtsträger zur Erlangung diverser Aufträge. Es sollen eine ganze Reihe von Bestechungen und Kickbacks eingesetzt worden sein, um Projekte wie das argentinische Identity Card Project oder den Aufbau eines landesweiten Handynetzes in Bangladesch zu akquirieren[207]. Wäre es zu einer Verurteilung gekommen, hätten für diese Vorwürfe Strafen von bis zu $ 2,7 Milliarden fällig werden können[208].

Aber nicht nur über die ersparten Euro sollte sich der Siemensvorstand freuen. Von viel größerer Bedeutung beim dem Vergleich ist die Tatsache, dass das von dem Vergleich vorausgesetzte und von der Siemens AG abgelegte Geständnis und damit auch die Verurteilung nur die Verletzung der Buchfüh-

---

205 *Sebastian Bräuer*, Financial Times Deutschland, 15.12.2008.
206 *Sebastian Bräuer*, Financial Times Deutschland, 15.12.2008.
207 *Eric Lichtblau / Carter Dougherty*, The New York Times, 16. Dezember, 2008.
208 *Eric Lichtblau / Carter Dougherty*, The New York Times, 16. Dezember, 2008.

rungspflichten einräumt, über Korruptionsvorgänge jedoch schweigt. Dies ist für die weitere Entwicklung, Erholung und Betätigung von Siemens von zentraler Wichtigkeit. Hätte das Verfahren zu einer Verurteilung aufgrund von Korruptionsvorwürfen geführt, hätte dies zum Verlust der Einstufung als »*responsible contractor*« bei der *Federal Defense Logistics Agency* geführt, mit der Folge, dass die Teilnahme an öffentlichen Vergabeverfahren in den USA zukünftig ausgeschlossen wäre. Ein solcher Ausschluss hätte einen wesentlich höheren Schaden für den Industriekonzern bedeutet als die einmalige Zahlung einer Geldstrafe. Somit hat der Vergleich dem Konzern wohl ein Überleben dieses Skandals gewährleistet. Ausschlaggebend für das Zustandekommen des Vergleichs war laut Angaben der US-Behörden vor allem die Kooperation der Siemens Mitarbeiter und Führungsebene bei der Aufdeckung der Gesetzesverletzungen und die extrem hohe Bereitschaft, Maßnahmen zur Bereinigung der internen Strukturprobleme im Konzern zu treffen.

G. Zusammenfassung und Ausblick

Mit dem Erlass der aktuell geltenden Fassung des FCPA und der internationalen Verfolgung der gegen ihn erfolgenden strafbaren Handlungen kommen die amerikanischen Behörden ihrem Ziel näher, die durch die strenge amerikanische Gesetzgebung entstehenden Wettbewerbsnachteile für inländische Unternehmen auszuräumen. Auch unter der neuen Obama Administration kann keine Lockerung des Vorgehens der Amerikaner erwartet werden. Bereits im Jahre 2006 hat der damalige Senator Obama in einer Rede an der Universität in Nairobi eine Kampansage gegen internationale Korruption gemacht[209]. Er nannte das Thema als eines höchster Priorität in seiner Politik. Umso größer wird die Bedeutung des FCPA für Unternehmen und deren Führungskräfte rund um den Globus. Auch deutsche Unternehmen werden in Zukunft sich verstärkt mit dem Inhalt und den Implikationen dieses Gesetzes vertraut machen müssen, um weiterhin ein unternehmerisch verantwortungsvolles Handeln zu gewährleisten.

In erster Linie sind diejenigen Unternehmen betroffen, die an einer amerikanischen Börse notiert sind und Wertpapiere auf den amerikanischen Markt bringen. Diese Unternehmen müssen ihre Geschäftspraktiken in Bezug auf den Bestechungs- und den Buchführungstatbestand des FCPA konform ausrichten. Gerade im Hinblick auf die für solche Unternehmen aus dem Buchführungstatbestand des FCPA erwachsenden Pflichten ist bei der Konzeption von Geschäftsvorgängen äußerste Sorgfalt geboten. Gerade in diesem Bereich werden auch im Rahmen der FCPA Compliance den Unternehmen erhebliche Kosten entstehen. Allerdings sollten dabei die im Falle eines Verstoßes drohenden Sanktionen nicht außer Betracht gelassen werden. Es wird in vielen Fällen die ökonomischere Variante bleiben, heute die Compliance Investi-

---

209 Die Rede ist nachzulesen unter: http://obamaspeeches.com/o88-An-Honest-Government-A-Hopeful-Future-Obama-Speech.htm.

tionen zu tätigen, um morgen nicht mit einer Geldstrafe in Million- oder gar Milliardenhöhe konfrontiert zu sein.

Auch Unternehmen, die ausschließlich in Deutschland Wertpapiere emittieren oder gar nicht an einer Börse notiert sind, werden um die Auseinandersetzung mit dem FCPA nicht herum kommen. Dafür sorgt der sehr weit gefasste Bestechungstatbestand. In diesem Bereich ist es, ob der limitierten Rechtsprechung und ausufernden Gesetzesinterpretation durch die amerikanischen Behörden selbst, ratsam sich eine konservative Einschätzungspraktik bezüglich Leistungen an Amtspersonen anzueignen. Vor allem bei der geschäftlichen Tätigkeit in Ländern, in denen nahezu kein Auftrag ohne Schmiergeld zu erlangen ist, können die Beschränkungen des Gesetzes vernichtende Auswirkungen auf einen Betrieb ausüben. In solchen Fällen sollten die üblichen Praktiken in dem jeweiligen Land genau unter die Lupe genommen werden. Sollte sich bei einer solchen Untersuchung ergeben, dass bestimmte Zuwendungen nach dem Recht des jeweiligen Landes nicht nur toleriert, sondern tatsächlich erlaubt sind, untersagt auch der FCPA die Leistung nicht. Dieser Schluss sollte jedoch nicht voreilig gezogen werden. Die Zuwendung muss nämlich von den anzuwendenden Gesetzen des betreffenden Landes tatsächlich erlaubt sein. Die Ausnutzung einer Gesetzeslücke alleine, wird wohl nicht ausreichend sein. Von diesem Standpunkt aus, erklärt sich unmittelbar, dass die durch den FCPA formulierten Ausnahmen genau das sind: Ausnahmen. Keineswegs sieht das Gesetz allgemeine Lücken vor, also Räume in denen Korruption toleriert werden kann. Im Gegenteil, der amerikanische Gesetzgeber und die das Gesetz ausführenden Behörden sind bestrebt, eine umfassende Ausrottung korrupter Geschäftspraktiken zu erreichen. Wer auf dem internationalen Markt agieren möchte, muss sich demnach, wohl oder übel, mit den Bedingungen des amerikanischen Gesetzes auseinandersetzen. Gerade in Anbetracht der beträchtlichen Sanktionssummen und der Leichtigkeit, mit der ein Sachverhalt in den Anwendungsbereich des FCPA hineinfällt, ist ein Bewusstsein für die Implikationen dieses Gesetzes unverzichtbar.

Eine dieser Implikationen stellt die Erforderlichkeit eines Compliance Systems im Unternehmen dar. Die Konzeption eines solchen Systems hängt im Einzelnen wesentlich von den jeweiligen Betriebsbedingungen ab. Jedoch sollte in allen Fällen auf die sog. Red-Flags geachtet werden, die als Warnsignale dienen und nicht nur die Behörde, sondern auch den Unternehmer selbst auf Sachverhalte aufmerksam machen können, die eine FCPA Relevanz aufweisen. Darüber hinaus kann noch gesagt werden, dass ein effektives Compliance System nicht nur der Verhinderung von Korruptionsstraftaten dient, sondern auch im Falle einer bereits entdeckten Straftat von den amerikanischen Behörden als Indiz gewertet werden, dass es sich bei dem Gesetzesverstoß um eine Ausnahme handelt. Stellt sich ein Unternehmen als bemüht dar, das amerikanische Gesetz zu beachten, sind die Behörden in ihrem Umgang mit dem Unternehmen entsprechend milder. Dies kann sich auch bei der Strafhöhe eines ausgehandelten Vergleichs in erheblicher Weise niederschlagen.

Der stellvertretende Leiter des DOJ, *Mark Mendelsohn*, gab im Mai dieses Jahres bekannt, dass gegen mindestens 120 Unternehmen derzeit wegen FCPA Verfehlungen ermittelt wird. Dies ist eine Steigerung von 20% gegenüber dem Vorjahr[210]. Es zeichnet sich ein deutlicher Trend ab, die Verfolgung von Verstößen gegen das Antikorruptionsgesetz zu erweitern. Auch im Ausland suchen SEC und DOJ verstärkt nach Verletzungen des Gesetzes ab. In diesen Zeiten muss man wohl den Rat eines Siemenssprechers ernst nehmen, der sagte, »es ist klug für ein Unternehmen eine ausreichende Compliance Struktur zu haben und eine Unternehmenskultur zu pflegen, die für saubere Geschäftspraktiken steht«[211]. Schade nur, dass diese Einsicht Siemens insgesamt mehr als zwei Milliarden Euro kosten musste.

---

210 *Dionne Searcey*, The Wallstreet Journal, 26. Mai, 2009.
211 *Dionne Searcey*, The Wallstreet Journal, 26. Mai, 2009.

Anlage 1: FCPA Gesetzestext

Anti-Bribery and Books & Records Provisions of

The Foreign Corrupt Practices Act

Current through Pub. L. 105-366 (November 10, 1998)

UNITED STATES CODE

TITLE 15. COMMERCE AND TRADE

CHAPTER 2B - SECURITIES EXCHANGES

§ 78m. Periodical and other reports

(a) Reports by issuer of security; contents

Every issuer of a security registered pursuant to section 78l of this title shall file with the Commission, in accordance with such rules and regulations as the Commission may prescribe as necessary or appropriate for the proper protection of investors and to insure fair dealing in the security –

(1) such information and documents (and such copies thereof) as the Commission shall require to keep reasonably current the information and documents required to be included in or filed with an application or registration statement filed pursuant to section 78l of this title, except that the Commission may not require the filing of any material contract wholly executed before July 1, 1962.

(2) such annual reports (and such copies thereof), certified if required by the rules and regulations of the Commission by independent public accountants,

and such quarterly reports (and such copies thereof), as the Commission may prescribe.

Every issuer of a security registered on a national securities exchange shall also file a duplicate original of such information, documents, and reports with the exchange.

(b) Form of report; books, records, and internal accounting; directives

* * *

(2) Every issuer which has a class of securities registered pursuant to section 78l of this title and every issuer which is required to file reports pursuant to section 78o(d) of this title shall –

(A) make and keep books, records, and accounts, which, in reasonable detail, accurately and fairly reflect the transactions and dispositions of the assets of the issuer; and

(B) devise and maintain a system of internal accounting controls sufficient to provide reasonable assurances that –

(i) transactions are executed in accordance with management's general or specific authorization;

(ii) transactions are recorded as necessary (I) to permit preparation of financial statements in conformity with generally accepted accounting principles or any other criteria applicable to such statements, and (II) to maintain accountability for assets;

(iii) access to assets is permitted only in accordance with management's general or specific authorization; and

(iv) the recorded accountability for assets is compared with the existing assets at reasonable intervals and appropriate action is taken with respect to any differences.

(3) (A) With respect to matters concerning the national security of the United States, no duty or liability under paragraph (2) of this subsection shall be imposed upon any person acting in cooperation with the head of any

Federal department or agency responsible for such matters if such act in cooperation with such head of a department or agency was done upon the specific, written directive of the head of such department or agency pursuant to Presidential authority to issue such directives. Each directive issued under this paragraph shall set forth the specific facts and circumstances with respect to which the provisions of this paragraph are to be invoked. Each such directive shall, unless renewed in writing, expire one year after the date of issuance.

(B) Each head of a Federal department or agency of the United States who issues such a directive pursuant to this paragraph shall maintain a complete file of all such directives and shall, on October 1 of each year, transmit a summary of matters covered by such directives in force at any time during the previous year to the Permanent Select Committee on Intelligence of the House of Representatives and the Select Committee on Intelligence of the Senate.

(4) No criminal liability shall be imposed for failing to comply with the requirements of paragraph (2) of this subsection except as provided in paragraph (5) of this subsection.

(5) No person shall knowingly circumvent or knowingly fail to implement a system of internal accounting controls or knowingly falsify any book, record, or account described in paragraph (2).

(6) Where an issuer which has a class of securities registered pursuant to section 78l of this title or an issuer which is required to file reports pursuant to section 78o(d) of this title holds 50 per centum or less of the voting power with respect to a domestic or foreign firm, the provisions of paragraph (2) require only that the issuer proceed in good faith to use its influence, to the extent reasonable under the issuer's circumstances, to cause such domestic or foreign firm to devise and maintain a system of internal accounting controls consistent with paragraph (2). Such circumstances include the relative degree of the issuer's ownership of the domestic or foreign firm and the laws and practices governing the business operations of the country in which such firm is located. An issuer which demonstrates good faith efforts to use such influence shall be conclusively presumed to have complied with the requirements of paragraph (2).

(7) For the purpose of paragraph (2) of this subsection, the terms »reasonable

assurances« and »reasonable detail« mean such level of detail and degree of assurance as would satisfy prudent officials in the conduct of their own affairs.

* * *

§ 78dd-1 [Section 30A of the Securities & Exchange Act of 1934].

Prohibited foreign trade practices by issuers

(a) Prohibition

It shall be unlawful for any issuer which has a class of securities registered pursuant to section 78l of this title or which is required to file reports under section 78o(d) of this title, or for any officer, director, employee, or agent of such issuer or any stockholder thereof acting on behalf of such issuer, to make use of the mails or any means or instrumentality of interstate commerce corruptly in furtherance of an offer, payment, promise to pay, or authorization of the payment of any money, or offer, gift, promise to give, or authorization of the giving of anything of value to –

(1) any foreign official for purposes of –

(A) (i) influencing any act or decision of such foreign official in his official capacity, (ii) inducing such foreign official to do or omit to do any act in violation of the lawful duty of such official, or (iii) securing any improper advantage; or

(B) inducing such foreign official to use his influence with a foreign government or instrumentality thereof to affect or influence any act or decision of such government or instrumentality,

in order to assist such issuer in obtaining or retaining business for or with, or directing business to, any person;

(2) any foreign political party or official thereof or any candidate for foreign political office for purposes of –

(A) (i) influencing any act or decision of such party, official, or candidate in its or his official capacity, (ii) inducing such party, official, or candidate to do or omit to do an act in violation of the lawful duty of such party, official, or candidate, or (iii) securing any improper advantage; or

(B) inducing such party, official, or candidate to use its or his influence with a foreign government or instrumentality thereof to affect or influence any act or decision of such government or instrumentality.

in order to assist such issuer in obtaining or retaining business for or with, or directing business to, any person; or

(3) any person, while knowing that all or a portion of such money or thing of value will be offered, given, or promised, directly or indirectly, to any foreign official, to any foreign political party or official thereof, or to any candidate for foreign political office, for purposes of –

(A) (i) influencing any act or decision of such foreign official, political party, party official, or candidate in his or its official capacity, (ii) inducing such foreign official, political party, party official, or candidate to do or omit to do any act in violation of the lawful duty of such foreign official, political party, party official, or candidate, or (iii) securing any improper advantage; or

(B) inducing such foreign official, political party, party official, or candidate to use his or its influence with a foreign government or instrumentality thereof to affect or influence any act or decision of such government or instrumentality,

in order to assist such issuer in obtaining or retaining business for or with, or directing business to, any person.

(b) Exception for routine governmental action

Subsections (a) and (g) of this section shall not apply to any facilitating or expediting payment to a foreign official, political party, or party official the purpose of which is to expedite or to secure the performance of a routine governmental action by a foreign official, political party, or party official.

(c) Affirmative defenses

It shall be an affirmative defense to actions under subsection (a) or (g) of this section that –

(1) the payment, gift, offer, or promise of anything of value that was made, was lawful under the written laws and regulations of the foreign official's, political party's, party official's, or candidate's country; or

(2) the payment, gift, offer, or promise of anything of value that was made, was a reasonable and bona fide expenditure, such as travel and lodging expenses, incurred by or on behalf of a foreign official, party, party official, or candidate and was directly related to –

(A) the promotion, demonstration, or explanation of products or services; or

(B) the execution or performance of a contract with a foreign government or agency thereof.

(d) Guidelines by Attorney General

Not later than one year after August 23, 1988, the Attorney General, after consultation with the Commission, the Secretary of Commerce, the United States Trade Representative, the Secretary of State, and the Secretary of the Treasury, and after obtaining the views of all interested persons through public notice and comment procedures, shall determine to what extent compliance with this section would be enhanced and the business community would be assisted by further clarification of the preceding provisions of this section and may, based on such determination and to the extent necessary and appropriate, issue –

(1) guidelines describing specific types of conduct, associated with common types of export sales arrangements and business contracts, which for purposes of the Department of Justice's present enforcement policy, the Attorney General determines would be in conformance with the preceding provisions of this section; and

(2) general precautionary procedures which issuers may use on a voluntary basis to conform their conduct to the Department of Justice's present enforcement policy regarding the preceding provisions of this section.

The Attorney General shall issue the guidelines and procedures referred to in the preceding sentence in accordance with the provisions of subchapter II of chapter 5 of Title 5 and those guidelines and procedures shall be subject to the provisions of chapter 7 of that title.

(e) Opinions of Attorney General

(1) The Attorney General, after consultation with appropriate departments and agencies of the United States and after obtaining the views of all interested persons through public notice and comment procedures, shall establish a procedure to provide responses to specific inquiries by issuers concerning conformance of their conduct with the Department of Justice's present enforcement policy regarding the preceding provisions of this section. The Attorney General shall, within 30 days after receiving such a request, issue an opinion in response to that request. The opinion shall state whether or not certain specified prospective conduct would, for purposes of the Department of Justice's present enforcement policy, violate the preceding provisions of this section. Additional requests for opinions may be filed with the Attorney General regarding other specified prospective conduct that is beyond the scope of conduct specified in previous requests. In any action brought under the applicable provisions of this section, there shall be a rebuttable presumption that conduct, which is specified in a request by an issuer and for which the Attorney General has issued an opinion that such conduct is in conformity with the Department of Justice's present enforcement policy, is in compliance with the preceding provisions of this section. Such a presumption may be rebutted by a preponderance of the evidence. In considering the presumption for purposes of this paragraph, a court shall weight all relevant factors, including but not limited to whether the information submitted to the Attorney General was accurate and complete and whether it was within the scope of the conduct specified in any request received by the Attorney General. The Attorney General shall establish the procedure required by this paragraph in accordance with the provisions of subchapter II of chapter 5 of Title 5 and that procedure shall be subject to the provisions of chapter 7 of that title.

(2) Any document or other material which is provided to, received by, or prepared in the Department of Justice or any other department or agency of the United States in connection with a request by an issuer under the procedure established under paragraph (1), shall be exempt from disclosure under section 552 of Title 5 and shall not, except with the consent of the issuer, be made publicly available, regardless of whether the Attorney General responds to such a request or the issuer withdraws such request before receiving a response.

(3) Any issuer who has made a request to the Attorney General under paragraph (1) may withdraw such request prior to the time the Attorney General

issues an opinion in response to such request. Any request so withdrawn shall have no force or effect.

(4) The Attorney General shall, to the maximum extent practicable, provide timely guidance concerning the Department of Justice's present enforcement policy with respect to the preceding provisions of this section to potential exporters and small businesses that are unable to obtain specialized counsel on issues pertaining to such provisions. Such guidance shall be limited to responses to requests under paragraph (1) concerning conformity of specified prospective conduct with the Department of Justice's present enforcement policy regarding the preceding provisions of this section and general explanations of compliance responsibilities and of potential liabilities under the preceding provisions of this section.

(f) Definitions

For purposes of this section:

(1) A) The term »foreign official« means any officer or employee of a foreign government or any department, agency, or instrumentality thereof, or of a public international organization, or any person acting in an official capacity for or on behalf of any such government or department, agency, or instrumentality, or for or on behalf of any such public international organization.

(B) For purposes of subparagraph (A), the term »public international organization« means –

(i) an organization that is designated by Executive Order pursuant to section 1 of the International Organizations Immunities Act (22 U.S.C. § 288); or

(ii) any other international organization that is designated by the President by Executive order for the purposes of this section, effective as of the date of publication of such order in the Federal Register.

(2) (A) A person's state of mind is »knowing« with respect to conduct, a circumstance, or a result if –

(i) such person is aware that such person is engaging in such conduct, that such circumstance exists, or that such result is substantially certain to occur; or

(ii) such person has a firm belief that such circumstance exists or that such result is substantially certain to occur.

(B) When knowledge of the existence of a particular circumstance is required for an offense, such knowledge is established if a person is aware of a high probability of the existence of such circumstance, unless the person actually believes that such circumstance does not exist.

(3) (A) The term »routine governmental action« means only an action which is ordinarily and commonly performed by a foreign official in –

(i) obtaining permits, licenses, or other official documents to qualify a person to do business in a foreign country;

(ii) processing governmental papers, such as visas and work orders;

(iii) providing police protection, mail pick-up and delivery, or scheduling inspections associated with contract performance or inspections related to transit of goods across country;

(iv) providing phone service, power and water supply, loading and unloading cargo, or protecting perishable products or commodities from deterioration; or

(v) actions of a similar nature.

(B) The term »routine governmental action« does not include any decision by a foreign official whether, or on what terms, to award new business to or to continue business with a particular party, or any action taken by a foreign official involved in the decision-making process to encourage a decision to award new business to or continue business with a particular party.

(g) Alternative Jurisdiction

(1) It shall also be unlawful for any issuer organized under the laws of the United States, or a State, territory, possession, or commonwealth of the Unit-

ed States or a political subdivision thereof and which has a class of securities registered pursuant to section 12 of this title or which is required to file reports under section 15(d) of this title, or for any United States person that is an officer, director, employee, or agent of such issuer or a stockholder thereof acting on behalf of such issuer, to corruptly do any act outside the United States in furtherance of an offer, payment, promise to pay, or authorization of the payment of any money, or offer, gift, promise to give, or authorization of the giving of anything of value to any of the persons or entities set forth in paragraphs (1), (2), and (3) of this subsection (a) of this section for the purposes set forth therein, irrespective of whether such issuer or such officer, director, employee, agent, or stockholder makes use of the mails or any means or instrumentality of interstate commerce in furtherance of such offer, gift, payment, promise, or authorization.

(2) As used in this subsection, the term »United States person« means a national of the United States (as defined in section 101 of the Immigration and Nationality Act (8 U.S.C. § 1101)) or any corporation, partnership, association, joint-stock company, business trust, unincorporated organization, or sole proprietorship organized under the laws of the United States or any State, territory, possession, or commonwealth of the United States, or any political subdivision thereof.

§ 78dd-2. Prohibited foreign trade practices by domestic concerns

(a) Prohibition

It shall be unlawful for any domestic concern, other than an issuer which is subject to section 78dd-1 of this title, or for any officer, director, employee, or agent of such domestic concern or any stockholder thereof acting on behalf of such domestic concern, to make use of the mails or any means or instrumentality of interstate commerce corruptly in furtherance of an offer, payment, promise to pay, or authorization of the payment of any money, or offer, gift, promise to give, or authorization of the giving of anything of value to –

(1) any foreign official for purposes of –

(A) (i) influencing any act or decision of such foreign official in his official capacity, (ii) inducing such foreign official to do or omit to do any act in violation of the lawful duty of such official, or (iii) securing any improper advantage; or

(B) inducing such foreign official to use his influence with a foreign government or instrumentality thereof to affect or influence any act or decision of such government or instrumentality,

in order to assist such domestic concern in obtaining or retaining business for or with, or directing business to, any person;

(2) any foreign political party or official thereof or any candidate for foreign political office for purposes of –

(A) (i) influencing any act or decision of such party, official, or candidate in its or his official capacity, (ii) inducing such party, official, or candidate to do or omit to do an act in violation of the lawful duty of such party, official, or candidate, or (iii) securing any improper advantage; or

(B) inducing such party, official, or candidate to use its or his influence with a foreign government or instrumentality thereof to affect or influence any act or decision of such government or instrumentality,

in order to assist such domestic concern in obtaining or retaining business for or with, or directing business to, any person;

(3) any person, while knowing that all or a portion of such money or thing of value will be offered, given, or promised, directly or indirectly, to any foreign official, to any foreign political party or official thereof, or to any candidate for foreign political office, for purposes of –

(A) (i) influencing any act or decision of such foreign official, political party, party official, or candidate in his or its official capacity, (ii) inducing such foreign official, political party, party official, or candidate to do or omit to do any act in violation of the lawful duty of such foreign official, political party, party official, or candidate, or (iii) securing any improper advantage; or

(B) inducing such foreign official, political party, party official, or candidate to use his or its influence with a foreign government or instrumentality thereof to affect or influence any act or decision of such government or instrumentality,

in order to assist such domestic concern in obtaining or retaining business for or with, or directing business to, any person.

(b) Exception for routine governmental action

Subsections (a) and (i) of this section shall not apply to any facilitating or expediting payment to a foreign official, political party, or party official the purpose of which is to expedite or to secure the performance of a routine governmental action by a foreign official, political party, or party official.

(c) Affirmative defenses

It shall be an affirmative defense to actions under subsection (a) or (i) of this section that –

(1) the payment, gift, offer, or promise of anything of value that was made, was lawful under the written laws and regulations of the foreign official's, political party's, party official's, or candidate's country; or

(2) the payment, gift, offer, or promise of anything of value that was made, was a reasonable and bona fide expenditure, such as travel and lodging expenses, incurred by or on behalf of a foreign official, party, party official, or candidate and was directly related to –

(A) the promotion, demonstration, or explanation of products or services; or

(B) the execution or performance of a contract with a foreign government or agency thereof.

(d) Injunctive relief

(1) When it appears to the Attorney General that any domestic concern to which this section applies, or officer, director, employee, agent, or stockholder thereof, is engaged, or about to engage, in any act or practice constituting a violation of subsection (a) or (i) of this section, the Attorney General may, in his discretion, bring a civil action in an appropriate district court of the United States to enjoin such act or practice, and upon a proper showing, a permanent injunction or a temporary restraining order shall be granted without bond.

(2) For the purpose of any civil investigation which, in the opinion of the Attorney General, is necessary and proper to enforce this section, the Attorney General or his designee are empowered to administer oaths and affirmations,

subpoena witnesses, take evidence, and require the production of any books, papers, or other documents which the Attorney General deems relevant or material to such investigation. The attendance of witnesses and the production of documentary evidence may be required from any place in the United States, or any territory, possession, or commonwealth of the United States, at any designated place of hearing.

(3) In case of contumacy by, or refusal to obey a subpoena issued to, any person, the Attorney General may invoke the aid of any court of the United States within the jurisdiction of which such investigation or proceeding is carried on, or where such person resides or carries on business, in requiring the attendance and testimony of witnesses and the production of books, papers, or other documents. Any such court may issue an order requiring such person to appear before the Attorney General or his designee, there to produce records, if so ordered, or to give testimony touching the matter under investigation. Any failure to obey such order of the court may be punished by such court as a contempt thereof.

All process in any such case may be served in the judicial district in which such person resides or may be found. The Attorney General may make such rules relating to civil investigations as may be necessary or appropriate to implement the provisions of this subsection.

(e) Guidelines by Attorney General

Not later than 6 months after August 23, 1988, the Attorney General, after consultation with the Securities and Exchange Commission, the Secretary of Commerce, the United States Trade Representative, the Secretary of State, and the Secretary of the Treasury, and after obtaining the views of all interested persons through public notice and comment procedures, shall determine to what extent compliance with this section would be enhanced and the business community would be assisted by further clarification of the preceding provisions of this section and may, based on such determination and to the extent necessary and appropriate, issue –

(1) guidelines describing specific types of conduct, associated with common types of export sales arrangements and business contracts, which for purposes of the Department of Justice's present enforcement policy, the Attorney General determines would be in conformance with the preceding provisions of this section; and

(2) general precautionary procedures which domestic concerns may use on a voluntary basis to conform their conduct to the Department of Justice's present enforcement policy regarding the preceding provisions of this section.

The Attorney General shall issue the guidelines and procedures referred to in the preceding sentence in accordance with the provisions of subchapter II of chapter 5 of Title 5 and those guidelines and procedures shall be subject to the provisions of chapter 7 of that title.

(f) Opinions of Attorney General

(1) The Attorney General, after consultation with appropriate departments and agencies of the United States and after obtaining the views of all interested persons through public notice and comment procedures, shall establish a procedure to provide responses to specific inquiries by domestic concerns concerning conformance of their conduct with the Department of Justice's present enforcement policy regarding the preceding provisions of this section. The Attorney General shall, within 30 days after receiving such a request, issue an opinion in response to that request. The opinion shall state whether or not certain specified prospective conduct would, for purposes of the Department of Justice's present enforcement policy, violate the preceding provisions of this section. Additional requests for opinions may be filed with the Attorney General regarding other specified prospective conduct that is beyond the scope of conduct specified in previous requests. In any action brought under the applicable provisions of this section, there shall be a rebuttable presumption that conduct, which is specified in a request by a domestic concern and for which the Attorney General has issued an opinion that such conduct is in conformity with the Department of Justice's present enforcement policy, is in compliance with the preceding provisions of this section. Such a presumption may be rebutted by a preponderance of the evidence. In considering the presumption for purposes of this paragraph, a court shall weigh all relevant factors, including but not limited to whether the information submitted to the Attorney General was accurate and complete and whether it was within the scope of the conduct specified in any request received by the Attorney General. The Attorney General shall establish the procedure required by this paragraph in accordance with the provisions of subchapter II of chapter 5 of Title 5 and that procedure shall be subject to the provisions of chapter 7 of that title.

(2) Any document or other material which is provided to, received by, or prepared in the Department of Justice or any other department or agency of

the United States in connection with a request by a domestic concern under the procedure established under paragraph (1), shall be exempt from disclosure under section 552 of Title 5 and shall not, except with the consent of the domestic concern, by made publicly available, regardless of whether the Attorney General response to such a request or the domestic concern withdraws such request before receiving a response.

(3) Any domestic concern who has made a request to the Attorney General under paragraph (1) may withdraw such request prior to the time the Attorney General issues an opinion in response to such request. Any request so withdrawn shall have no force or effect.

(4) The Attorney General shall, to the maximum extent practicable, provide timely guidance concerning the Department of Justice's present enforcement policy with respect to the preceding provisions of this section to potential exporters and small businesses that are unable to obtain specialized counsel on issues pertaining to such provisions. Such guidance shall be limited to responses to requests under paragraph (1) concerning conformity of specified prospective conduct with the Department of Justice's present enforcement policy regarding the preceding provisions of this section and general explanations of compliance responsibilities and of potential liabilities under the preceding provisions of this section.

(g) Penalties

(1) (A) Any domestic concern that is not a natural person and that violates subsection (a) or (i) of this section shall be fined not more than $2,000,000.

(B) Any domestic concern that is not a natural person and that violates subsection (a) or (i) of this section shall be subject to a civil penalty of not more than $10,000 imposed in an action brought by the Attorney General.

(2) (A) Any natural person that is an officer, director, employee, or agent of a domestic concern, or stockholder acting on behalf of such domestic concern, who willfully violates subsection (a) or (i) of this section shall be fined not more than $100,000 or imprisoned not more than 5 years, or both.

(B) Any natural person that is an officer, director, employee, or agent of a domestic concern, or stockholder acting on behalf of such domestic concern, who violates subsection (a) or (i) of this section shall be subject to a civil penalty of not more than $10,000 imposed in an action brought by the Attorney General.

(3) Whenever a fine is imposed under paragraph (2) upon any officer, director, employee, agent, or stockholder of a domestic concern, such fine may not be paid, directly or indirectly, by such domestic concern.

(h) Definitions

For purposes of this section:

(1) The term »domestic concern« means –

(A) any individual who is a citizen, national, or resident of the United States; and

(B) any corporation, partnership, association, joint-stock company, business trust, unincorporated organization, or sole proprietorship which has its principal place of business in the United States, or which is organized under the laws of a State of the United States or a territory, possession, or commonwealth of the United States.

(2) (A) The term »foreign official« means any officer or employee of a foreign government or any department, agency, or instrumentality thereof, or of a public international organization, or any person acting in an official capacity for or on behalf of any such government or department, agency, or instrumentality, or for or on behalf of any such public international organization.

(B) For purposes of subparagraph (A), the term »public international organization« means –

(i) an organization that has been designated by Executive order pursuant to Section 1 of the International Organizations Immunities Act (22 U.S.C. § 288); or

(ii) any other international organization that is designated by the President by Executive order for the purposes of this section, effective as of the date of publication of such order in the Federal Register.

(3) (A) A person's state of mind is »knowing« with respect to conduct, a circumstance, or a result if –

(i) such person is aware that such person is engaging in such conduct, that such circumstance exists, or that such result is substantially certain to occur; or

(ii) such person has a firm belief that such circumstance exists or that such result is substantially certain to occur.

(B) When knowledge of the existence of a particular circumstance is required for an offense, such knowledge is established if a person is aware of a high probability of the existence of such circumstance, unless the person actually believes that such circumstance does not exist.

(4) (A) The term »routine governmental action« means only an action which is ordinarily and commonly performed by a foreign official in –

(i) obtaining permits, licenses, or other official documents to qualify a person to do business in a foreign country;

(ii) processing governmental papers, such as visas and work orders;

(iii) providing police protection, mail pick-up and delivery, or scheduling inspections associated with contract performance or inspections related to transit of goods across country;

(iv) providing phone service, power and water supply, loading and unloading cargo, or protecting perishable products or commodities from deterioration; or

(v) actions of a similar nature.

(B) The term »routine governmental action« does not include any decision by a foreign official whether, or on what terms, to award new business to or to continue business with a particular party, or any action taken by a foreign official involved in the decision-making process to encourage a decision to award new business to or continue business with a particular party.

(5) The term »interstate commerce« means trade, commerce, transportation, or communication among the several States, or between any foreign country and any State or between any State and any place or ship outside thereof, and such term includes the intrastate use of –

(A) a telephone or other interstate means of communication, or

(B) any other interstate instrumentality.

(i) Alternative Jurisdiction

(1) It shall also be unlawful for any United States person to corruptly do any act outside the United States in furtherance of an offer, payment, promise to pay, or authorization of the payment of any money, or offer, gift, promise to give, or authorization of the giving of anything of value to any of the persons or entities set forth in paragraphs (1), (2), and (3) of subsection (a), for the purposes set forth therein, irrespective of whether such United States person makes use of the mails or any means or instrumentality of interstate commerce in furtherance of such offer, gift, payment, promise, or authorization.

(2) As used in this subsection, a »United States person« means a national of the United States (as defined in section 101 of the Immigration and Nationality Act (8 U.S.C. § 1101)) or any corporation, partnership, association, joint-stock company, business trust, unincorporated organization, or sole proprietorship organized under the laws of the United States or any State, territory, possession, or commonwealth of the United States, or any political subdivision thereof.

§ 78dd-3. Prohibited foreign trade practices by persons other than issuers or domestic concerns

(a) Prohibition

It shall be unlawful for any person other than an issuer that is subject to section 30A of the Securities Exchange Act of 1934 or a domestic concern, as defined in section 104 of this Act), or for any officer, director, employee, or agent of such person or any stockholder thereof acting on behalf of such person, while in the territory of the United States, corruptly to make use of the mails or any means or instrumentality of interstate commerce or to do any other act in furtherance of an offer, payment, promise to pay, or authorization of the payment of any money, or offer, gift, promise to give, or authorization of the giving of anything of value to –

(1) any foreign official for purposes of –

(A) (i) influencing any act or decision of such foreign official in his official capacity, (ii) inducing such foreign official to do or omit to do any act in violation of the lawful duty of such official, or (iii) securing any improper advantage; or

(B) inducing such foreign official to use his influence with a foreign government or instrumentality thereof to affect or influence any act or decision of such government or instrumentality,

in order to assist such person in obtaining or retaining business for or with, or directing business to, any person;

(2) any foreign political party or official thereof or any candidate for foreign political office for purposes of –

(A) (i) influencing any act or decision of such party, official, or candidate in its or his official capacity, (ii) inducing such party, official, or candidate to do or omit to do an act in violation of the lawful duty of such party, official, or candidate, or (iii) securing any improper advantage; or

(B) inducing such party, official, or candidate to use its or his influence with a foreign government or instrumentality thereof to affect or influence any act or decision of such government or instrumentality.

in order to assist such person in obtaining or retaining business for or with, or directing business to, any person; or

(3) any person, while knowing that all or a portion of such money or thing of value will be offered, given, or promised, directly or indirectly, to any foreign official, to any foreign political party or official thereof, or to any candidate for foreign political office, for purposes of –

(A) (i) influencing any act or decision of such foreign official, political party, party official, or candidate in his or its official capacity, (ii) inducing such foreign official, political party, party official, or candidate to do or omit to do any act in violation of the lawful duty of such foreign official, political party, party official, or candidate, or (iii) securing any improper advantage; or

(B) inducing such foreign official, political party, party official, or candidate to use his or its influence with a foreign government or instrumentality thereof to affect or influence any act or decision of such government or instrumentality,

in order to assist such person in obtaining or retaining business for or with, or directing business to, any person.

(b) Exception for routine governmental action

Subsection (a) of this section shall not apply to any facilitating or expediting payment to a foreign official, political party, or party official the purpose of which is to expedite or to secure the performance of a routine governmental action by a foreign official, political party, or party official.

(c) Affirmative defenses

It shall be an affirmative defense to actions under subsection (a) of this section that –

(1) the payment, gift, offer, or promise of anything of value that was made, was lawful under the written laws and regulations of the foreign official's, political party's, party official's, or candidate's country; or

(2) the payment, gift, offer, or promise of anything of value that was made, was a reasonable and bona fide expenditure, such as travel and lodging expenses, incurred by or on behalf of a foreign official, party, party official, or candidate and was directly related to –

(A) the promotion, demonstration, or explanation of products or services; or

(B) the execution or performance of a contract with a foreign government or agency thereof.

(d) Injunctive relief

(1) When it appears to the Attorney General that any person to which this section applies, or officer, director, employee, agent, or stockholder thereof, is engaged, or about to engage, in any act or practice constituting a violation of subsection (a) of this section, the Attorney General may, in his discretion, bring a civil action in an appropriate district court of the United States to enjoin such act or practice, and upon a proper showing, a permanent injunction or a temporary restraining order shall be granted without bond.

(2) For the purpose of any civil investigation which, in the opinion of the Attorney General, is necessary and proper to enforce this section, the Attorney General or his designee are empowered to administer oaths and affirmations, subpoena witnesses, take evidence, and require the production of any books, papers, or other documents which the Attorney General deems relevant or material to such investigation. The attendance of witnesses and the production of documentary evidence may be required from any place in the United States, or any territory, possession, or commonwealth of the United States, at any designated place of hearing.

(3) In case of contumacy by, or refusal to obey a subpoena issued to, any person, the Attorney General may invoke the aid of any court of the United States within the jurisdiction of which such investigation or proceeding is carried on, or where such person resides or carries on business, in requiring the attendance and testimony of witnesses and the production of books, papers, or other documents. Any such court may issue an order requiring such person to appear before the Attorney General or his designee, there to produce records, if so ordered, or to give testimony touching the matter under investigation. Any failure to obey such order of the court may be punished by such court as a contempt thereof.

(4) All process in any such case may be served in the judicial district in which such person resides or may be found. The Attorney General may make such rules relating to civil investigations as may be necessary or appropriate to implement the provisions of this subsection.

(e) Penalties

(1) (A) Any juridical person that violates subsection (a) of this section shall be fined not more than $2,000,000.

(B) Any juridical person that violates subsection (a) of this section shall be subject to a civil penalty of not more than $10,000 imposed in an action brought by the Attorney General.

(2) (A) Any natural person who willfully violates subsection (a) of this section shall be fined not more than $100,000 or imprisoned not more than 5 years, or both.

(B) Any natural person who violates subsection (a) of this section shall be subject to a civil penalty of not more than $10,000 imposed in an action brought by the Attorney General.

(3) Whenever a fine is imposed under paragraph (2) upon any officer, director, employee, agent, or stockholder of a person, such fine may not be paid, directly or indirectly, by such person.

(f) Definitions

For purposes of this section:

(1) The term »person,« when referring to an offender, means any natural person other than a. national of the United States (as defined in 8 U.S.C. § 1101) or any corporation, partnership, association, joint-stock company, business trust, unincorporated organization, or sole proprietorship organized under the law of a foreign nation or a political subdivision thereof

(2) (A) The term »foreign official« means any officer or employee of a foreign government or any department, agency, or instrumentality thereof, or of a public international organization, or any person acting in an official capacity for or on behalf of any such government or department, agency, or instrumentality, or for or on behalf of any such public international organization.

For purposes of subparagraph (A), the term »public international organization« means –

(i) an organization that has been designated by Executive Order pursuant to Section 1 of the International Organizations Immunities Act (22 U.S.C. § 288); or

(ii) any other international organization that is designated by the President by Executive order for the purposes of this section, effective as of the date of publication of such order in the Federal Register.

(3) (A) A person's state of mind is »knowing« with respect to conduct, a circumstance, or a result if –

- (i) such person is aware that such person is engaging in such conduct, that such circumstance exists, or that such result is substantially certain to occur; or

- (ii) such person has a firm belief that such circumstance exists or that such result is substantially certain to occur.

(B) When knowledge of the existence of a particular circumstance is required for an offense, such knowledge is established if a person is aware of a high probability of the existence of such circumstance, unless the person actually believes that such circumstance does not exist.

(4) (A) The term »routine governmental action« means only an action which is ordinarily and commonly performed by a foreign official in –

- (i) obtaining permits, licenses, or other official documents to qualify a person to do business in a foreign country;

- (ii) processing governmental papers, such as visas and work orders;

- (iii) providing police protection, mail pick-up and delivery, or scheduling inspections associated with contract performance or inspections related to transit of goods across country;

- (iv) providing phone service, power and water supply, loading and unloading cargo, or protecting perishable products or commodities from deterioration; or

- (v) actions of a similar nature.

(B) The term »routine governmental action« does not include any decision by a foreign official whether, or on what terms, to award new business to or to continue business with a particular party, or any action taken by a foreign official involved in the decision-making process to encourage a decision to award new business to or continue business with a particular party.

(5) The term »interstate commerce« means trade, commerce, transportation, or communication among the several States, or between any foreign country and any State or between any State and any place or ship outside thereof, and such term includes the intrastate use of —

(A) a telephone or other interstate means of communication, or

(B) any other interstate instrumentality.

§ 78ff. Penalties

(a) Willful violations; false and misleading statements

Any person who willfully violates any provision of this chapter (other than section 78dd-1 of this title), or any rule or regulation thereunder the violation of which is made unlawful or the observance of which is required under the terms of this chapter, or any person who willfully and knowingly makes, or causes to be made, any statement in any application, report, or document required to be filed under this chapter or any rule or regulation thereunder or any undertaking contained in a registration statement as provided in subsection (d) of section 78o of this title, or by any self-regulatory organization in connection with an application for membership or participation therein or to become associated with a member thereof, which statement was false or misleading with respect to any material fact, shall upon conviction be fined not more than $5,000,000, or imprisoned not more than 20 years, or both, except that when such person is a person other than a natural person, a fine not exceeding $25,000,000 may be imposed; but no person shall be subject to imprisonment under this section for the violation of any rule or regulation if he proves that he had no knowledge of such rule or regulation.

(b) Failure to file information, documents, or reports

Any issuer which fails to file information, documents, or reports required to be filed under subsection (d) of section 78o of this title or any rule or regulation thereunder shall forfeit to the United States the sum of $100 for each and every day such failure to file shall continue. Such forfeiture, which shall be in lieu of any criminal penalty for such failure to file which might be deemed to arise under subsection (a) of this section, shall be payable into the Treasury of the United States and shall be recoverable in a civil suit in the name of the United States.

(c) Violations by issuers, officers, directors, stockholders, employees, or agents of issuers

(1) (A) Any issuer that violates subsection (a) or (g) of section 30A of this title [15 U.S.C. § 78dd-1] shall be fined not more than $2,000,000.

(B) Any issuer that violates subsection (a) or (g) of section 30A of this title [15 U.S.C. § 78dd-1] shall be subject to a civil penalty of not more than $10,000 imposed in an action brought by the Commission.

(2) (A) Any officer, director, employee, or agent of an issuer, or stockholder acting on behalf of such issuer, who willfully violates subsection (a) or (g) of section 30A of this title [15 U.S.C. § 78dd-1] shall be fined not more than $100,000, or imprisoned not more than 5 years, or both.

(B) Any officer, director, employee, or agent of an issuer, or stockholder acting on behalf of such issuer, who violates subsection (a) or (g) of section 30A of this title [15 U.S.C. § 78dd-1] shall be subject to a civil penalty of not more than $10,000 imposed in an action brought by the Commission.

(3) Whenever a fine is imposed under paragraph (2) upon any officer, director, employee, agent, or stockholder of an issuer, such fine may not be paid, directly or indirectly, by such issuer.

Neue Juristische Beiträge

herausgegeben von

Prof. Dr. Klaus-Dieter Drüen (Heinrich-Heine-Universität Düsseldorf)
Prof. Dr. Thomas Küffner (Fachhochschule Landshut)
Prof. Dr. Georg Steinberg (Universität zu Köln)
Prof. Dr. Fabian Wittreck (Westfälische Wilhelms-Universität Münster)

Band 78: Hilka Eckardt: Der wettbewerbliche Dialog und das »competitive negotiation« Verfahren im Vergleich
2011 · 336 Seiten · ISBN 978-3-8316-4045-4

Band 77: Steffen Schultz: Die deutsche Besteuerung der Aufsuchung und Förderung von Kohlenwasserstoffen auf der Grundlage von Production Sharing Contracts   2011 · 300 Seiten · ISBN 978-3-8316-4043-0

Band 76: Nadine Sophie Wimmer: Haftungsrisiken und Compliance Maßnahmen nach dem »Foreign Corrupt Practices Act« der USA
2011 · 150 Seiten · ISBN 978-3-8316-4042-3

Band 75: Christian Mezger: Die vollständige Abwicklung insolventer Handelsgesellschaften · Zugleich ein Beitrag zur gesellschaftsrechtlichen Liquidation   2011 · 360 Seiten · ISBN 978-3-8316-4014-0

Erhältlich im Buchhandel oder direkt beim Verlag:

Herbert Utz Verlag GmbH, München
089-277791-00 · info@utzverlag.de

Gesamtverzeichnis mit mehr als 3000 lieferbaren Titeln: www.utzverlag.de